ADRIANA POTEXKI

CURA DOS
Sentimentos
EM MIM E NO MUNDO

ADRIANA POTEXKI

Dados Internacionais de Catalogação na Publicação (CIP)
(Câmara Brasileira do Livro, SP, Brasil)

Potexki, Adriana Katia
 Cura dos sentimentos em mim e no mundo / Adriana Katia Potexki. – São Paulo : Paulinas, 2016. – (Coleção psicologia e espiritualidade)

 ISBN 978-85-356-4215-5

 1. Autoconsciência 2. Cura - Aspectos psicológicos 3. Doenças - Causas 4. Mente e corpo 5. Pensamentos 6. Sentimentos 7. Vida espiritual I. Título. II. Série.

16-06809 CDD-158

Índice para catálogo sistemático:
1. Cura interior : Psicologia aplicada 158

1ª edição – 2016
3ª reimpressão – 2023

Direção-geral: *Bernadete Boff*
Editora responsável: *Andréia Schweitzer*
Coordenação de revisão: *Marina Mendonça*
Revisão: *Ana Cecilia Mari*
Gerente de produção: *Felício Calegaro Neto*
Diagramação: *Jéssica Diniz Souza*
Capa: *Diego Simari*
Fotos: *Ziza Fernandes e Helen Souza*

Nenhuma parte desta obra poderá ser reproduzida ou transmitida por qualquer forma e/ou quaisquer meios (eletrônico ou mecânico, incluindo fotocópia e gravação) ou arquivada em qualquer sistema ou banco de dados sem permissão escrita da Editora. Direitos reservados.

Cadastre-se e receba nossas informações
www.paulinas.com.br
Telemarketing e SAC: 0800-7010081

Paulinas
Rua Dona Inácia Uchoa, 62
04110-020 – São Paulo – SP (Brasil)
📞 (11) 2125-3500
✉ editora@paulinas.com.br
© Pia Sociedade Filhas de São Paulo – São Paulo, 2016

A meu filho Lucas,
que me ensina o sentido e a grandiosidade de viver
plenamente o momento presente.

Outro dia, em uma penitenciária onde realizava trabalho voluntário, uma detenta me abraçou no final, muito feliz, pois sairia de lá naquela semana. Perguntei à senhora de cabelos brancos que estava ao lado quando sairia, e ela, ao me abraçar e com um olhar que não consigo descrever, respondeu: "Em 2030".

Eu não vejo pessoas em celas só na penitenciária; vejo muitas pessoas em celas invisíveis. E me pergunto quando elas decidirão sair dessas celas. Quando descobrirão que basta empurrar a porta. São livres, mas não sabem disso.

A AUTORA

Agradecimentos

A meus pais *Léo* e *Joana*, que me ensinaram sobre a vida e estiveram a meu lado nos momentos de dor e de vitórias.

À minha irmã *Elaine* e seu esposo *Alexandre*, que me deram a alegria de ser tia da Isabela no momento em que nascia o livro.

Ao *Padre Fábio de Melo*, pela divulgação desta obra em seu programa Direção Espiritual na TV Canção Nova.

Ao *Rodrigo Ferreira*, fundador da Comunidade Louvor e Glória, por ter aberto as portas a esta obra em várias cidades dos EUA, por meio das palestras proferidas por mim.

A *Keilla Rodrigues Brito*, que me ajudou a concretizar este sonho. Sua competência, seu dom com as palavras e sua sensibilidade estabeleceram o "primeiro formato" deste livro. Ela "preparou a casa" para que ele nascesse.

À fonoaudióloga *Tania Ribas Coelho*, que foi a primeira pessoa a me dizer: "Você precisa escrever um livro", e a fonoaudióloga e consultora em comunicação *Cida Stier*, por toda a assessoria na área de comunicação que foi me lapidando como palestrante e apresentadora.

À *Irmã Zélia Garcia Ribeiro*, da Copiosa Redenção, que foi a intercessora direta deste livro e que orou por ele em cada canto por onde passou em sua última peregrinação. Aqui estendo meu agradecimento à *Irmã Claudete Ferreira Mendes*, ao *Padre Wilton Moraes Lopes* e a todos dessa congregação.

Ao focolarino *Sandro Rogério de Andrade Melo*, que fez uma legítima "unidade" comigo, acompanhando cada linha de um dos capítulos mais lidos deste livro. Sua vida e seu trabalho com a adoção internacional inspiram.

Ao *Dr. Alexandre Karam J. Mousfi*, que disponibilizou seu tempo para me orientar na revisão de pesquisas recentes da área médica. Admiro muito seu profissionalismo.

A *Esly Regina de Carvalho*, que, mesmo em meio à organização do Congresso Brasileiro de EMDR em Brasília, acompanhou meus escritos a respeito dessa técnica. Admiro seu brilhantismo internacional.

Ao querido *Dom Rafael Biernaski*, que me deu a honra de ter uma frase sua na contracapa deste livro. Quando disse seu sim a meu pedido, confirmou no meu coração que essa obra tem a bênção do céu. Aqui estendo meu agradecimento a todos os sacerdotes que fizeram ou fazem parte de minha vida. E, em especial, ao *Padre José Ruam* e *Pedro Ednilson de Jesus Dantas da Silva*, por terem sido em muitos momentos meu refúgio espiritual.

E, de forma muito especial, aos pacientes que cederam seus casos, histórias, suas dores mais profundas para que fossem relatados e pudessem ajudar outras pessoas.

Agradeço ainda à equipe técnica a seguir.

A *Ziza Fernandes*, que, com sua sensibilidade e sua arte, capturou as imagens para a capa. Foi um presente ter uma artista, cantora e compositora tão talentosa se dispondo a fazê-lo.

A *Tatiane Chérin Albano*, que, com sua agilidade, responsabilidade e postura profissional, deu início ao processo de digitação.

A *Pâmela Andressa Alves Barbosa*. Obrigada por sua dedicação, profissionalismo e visão. Foi realmente a primeira pessoa a ler esta obra.

A *Marcia Martins da Silva*, minha atual secretária, pela competência, pelo apreço e cuidado para com esta obra.

À *Júnior Barbosa*, que me ensinou a arte da TV. Também a todos os diretores, produtores, assistentes, câmeras e funcionários da Rede Evangelizar de Televisão.

A *Marcus Vinicius Santos Kucharski*, amigo de longa data, que reapareceu na minha vida no momento em que eu mais precisava de sua "perspicácia". Fez com que momentos tensos virassem risos.

A *Juliane Bubniak Ortiz da Boa Ventura*, que surgiu na reta final, quando minhas forças e meu fôlego haviam quase acabado. Pegou-me pelo braço e me levou à linha de chegada.

A *Diego Simari*, que, em meio às alegrias e adversidades de ser pai de um recém-nascido, deu o toque final da arte.

A *Rosangela Maria Montozo Botelho*, *Janice do Rocio Colodel Costa* e *Dioclécio Domingues*, por todo o apoio.

E, é claro, a *DEUS*. Ele foi aproximando da minha vida todas essas pessoas. Nada é por acaso... em tudo há sentido...

Sumário

Introdução 17

Prólogo 23

Além dos muros... 25

Capítulo 1. Linguagem dos sentimentos........................... 29

Um filho é capaz de morrer para unir pai e mãe.............. 34

Sinto culpa por ser feliz 38

A mágoa, o ódio e o ressentimento são capazes
de bloquear, no cérebro, as lembranças positivas 40

Sobre bifes e eu... 42

Sentir raiva e culpa faz parte do processo
da cura, do perdão 44

Não é o trauma que nos vitimiza, mas sim
o posicionamento que tomamos diante do trauma........... 46

Capítulo 2. O trauma e os segredos do nosso cérebro........... 53

Como "provocar" a cura? 59

Como nossos pequenos traumas, vividos na infância,
podem afetar nossa vida adulta................................ 64

Traumas da infância podem afetar um casamento............. 66

Capítulo 3. "Os olhos são as janelas da alma" 71

"Luce" 77

Capítulo 4. Matrimônio: nossa alma faz amor................... 83

"Inconsciente espiritual dos filhos" 92

Capítulo 5. Os mistérios do momento presente.................... 101

Um retrato pouco animador do mundo de hoje............. 106

Qual é seu ponto forte?.. 111

Viver para trabalhar ou trabalhar para viver? 112

Seu Chiquinho 116

"É isso que Deus me deu para eu ser feliz" 118

Viver plenamente a vontade de Deus
no momento presente 119

Capítulo 6. O mundo precisa de mim,
precisa que eu me cure 123

Utopia?... 132

A força da não violência 136

Não só com lágrimas se pode transformar o mundo........ 139

Tá, e eu? 142

Capítulo 7. Vamos pensar um pouco em você, agora?.......... 147

Considerações finais.. 157

Sugestões de links 163

Referências bibliográficas... 165

Introdução

Este livro foi escrito a partir de vidas que passaram por mim e tocaram a minha vida.

Sou...

Sou um pouquinho de cada paciente que chorou, derrubou máscaras, mostrou sua dor mais profunda, se deparou com seu lado mais sombrio, frágil, vulnerável, vergonhoso.

Sou um pouquinho de cada livro que li, de cada profissional que me ensinou algo, de cada amigo que me pegou no colo, ou me corrigiu. Sou um pouco de cada funcionário que passou por meu consultório ou casa.

Sou um pouquinho da mendiga que vocês irão conhecer. E do Seu Chiquinho, morador de rua.

No fundo, somos todos partes de um mosaico maior, que só faz sentindo se tiver unidade, encontro, amor.

Num consultório de psicologia, a arte é tocar os pontos mais sensíveis do ser humano até encontrar um que seja encantado. Jung falava da "criança divina" que há em nós. Se ele estiver certo, meu trabalho é acordar essa "criança divina" que adormeceu por alguma razão: dor, medo, cansaço, tristeza, solidão... É nesse eu mais profundo que estão o sentido... a alegria... o brilho dos olhos... a paz... a vontade de brincar...

Certa vez tive um sonho: passava em frente a um presépio de gesso, e percebi que o Menino Jesus estava se mexendo. Fiquei assustada e, ao mesmo tempo, maravilhada olhando aquilo! Vi que ele estendia os bracinhos e queria brincar!

Eu não sabia como pegá-lo direito, o que fazer, mas aquela criança era irresistível. Peguei-o nos braços sentindo uma alegria infinita! Lembro-me de que eu o mostrava às pessoas: "o Menino Jesus quer brincar! Pegue-o!". Algumas o pegavam, maravilhadas com aquilo, outras cruzavam os braços e ficavam apenas olhando.

Você o pegaria nos braços? Brincaria? Rolaria no chão? Se sim, sua criança divina está acordada! Se não, tente acordá-la ao longo deste livro. Entenderemos o que faz com que essa criança se esconda, adormeça.

Falaremos de dores profundas, traumas e posicionamentos que tomamos ao longo da vida para "nos proteger". O problema acontece quando nos protegemos tanto a ponto de nos fecharmos, cruzando os braços para a vida, para o cônjuge, para os filhos, para o mundo.

Aprenderemos um pouco sobre como nossos sofrimentos afetam nosso corpo, nosso cérebro, mas veremos que milagres podem acontecer quando nossa criança divina é acordada.

Vamos seguir? Vamos acordá-la? Mas vamos devagarinho, para que ela não se assuste e se esconda de novo.

Os olhos das crianças são grandes catedrais.

Thoening

Psykiatri

Além dos muros

Lembro-me de um menininho que atendi enquanto ainda era estagiária. Ele viveu até os cinco anos de idade dentro de uma penitenciária, pois sua mãe fora presa enquanto estava grávida.

Esse menininho não suportava carinho. Se alguém tentava tocá-lo, ele se encolhia como se sentisse dor. E, se a pessoa insistisse, ele a agredia.

Fui visitar o local em que as crianças, na mesma situação dele, viviam. Era uma espécie de casa num dos cantos dos altos muros da penitenciária. O espaço ao ar livre para as crianças brincarem não passava de cinquenta metros quadrados.

O único momento em que ele permitia contato físico era quando havia uma tempestade; ele sentia pavor e se encolhia no colo de uma das cuidadoras, chorando em desespero. Com exceção desses momentos específicos, ele estava sempre atrás de sua "armadura de defesa", ou seja, nada de toques.

Uma das estratégias que usei para ajudá-lo a sair daquela "armadura", foi propor que pintássemos seu rosto com tinta para que ficasse parecido com o do Rambo (personagem da época). Foi a primeira vez em que o toquei. Sei que havia tinta entre meu dedo e seu rostinho, ainda não era o toque real da pele, mas foi o começo.

Daria para dizer que a sessão terapêutica continuou no banheiro, quando ele foi lavar o rosto. Ficou um pouco de tinta e eu perguntei se podia ajudar a tirar.

Ele deixou. Eu fiz tudo muito lentamente, olhando nos seus olhinhos e com carinho. Nós o preparávamos para a saída da penitenciária: sua mãe seria solta. Uma pedagoga e uma fonoaudióloga o acompanhavam também.

Aos poucos, ele passou a não sentir mais medo de ser tocado, mas ainda não conseguia tocar nem abraçar. Na clínica onde era atendido por mim, havia um jardim bastante amplo, perto de um estacionamento onde eu fazia sessões ao ar livre, justamente para ampliar os limites dos seus "muros". No início, ele não se afastava de mim mais que cinco metros (tamanho do espaço que tinha na área das crianças da penitenciária). Eu levava balde com água, regador e ia propondo que ele fosse molhando as plantinhas mais distantes. No começo, ele sentia medo, mas, aos poucos, o medo foi passando.

Um dia quem ficou com medo fui eu! Ele pediu para ir molhar a roda de um carro que estava bem longe de mim. Não pude dizer não, ele estava aprendendo o tamanho do mundo. Voltou correndo, alegre!

Até que, em uma sessão, brincando com água, ele perguntou: "Posso molhar seu cabelo?". Também não pude dizer não! Era a primeira vez que ele me tocava. A partir daquele dia, ele passou a me abraçar, assim como às outras pessoas da equipe. Chegava à clínica perguntando: "Cadê minha psicólica?". E corria no corredor para me abraçar.

Missão cumprida? Não sei. Gostaria muito de saber por onde anda esse menininho. Hoje deve estar com 22 anos. Sua mãe foi solta. Meses depois, a fonoaudióloga o encontrou na rua, sujo, no centro da cidade. Sua mãe estava um pouco afastada dele, encostada numa parede de uma casa de prostituição, aguardando algum cliente.

O corpinho do menino estava cheio de alergias, e, ao ver a fonoaudióloga, correu, abraçou-a e perguntou: "Cadê minha psicólica?".

Agora, escrevendo isso, preciso parar um pouco... Senti impotência diante do mundo, do sistema. Nossa equipe acionou o conselho tutelar, tentamos tudo, mas a mãe mudou de "ponto"! Não a localizaram mais.

Num congresso de Psicologia, em que apresentei esse caso, questionei os outros psicólogos sobre se eu havia feito a coisa certa, ou seja, tirado sua armadura. Seu corpinho cheio de alergias precisava, agora, ser tocado. Quem sabe não tivesse sido melhor ele permanecer com sua armadura... A vida toda tive essa dúvida...

Só escrevendo este livro é que encontrei a resposta, que divido com vocês no final.

Se não veem suas próprias feridas,
se não assimilam nem se reconciliam com elas,
estão condenados a ferirem-se permanentemente
a si mesmos e também aos demais.

Anselm Grün

CAPÍTULO 1

Linguagem dos sentimentos

Outro dia estava passando em frente à televisão e deparei-me com uma cena no mínimo interessante: um urso se contorcendo, batendo em tudo a seu redor, urrando e esbravejando. Parei para observar e percebi que se tratava de um urso que estava sofrendo de uma terrível dor de dente, em um zoológico na Argentina. Os profissionais do zoológico o sedaram, necessitando de inúmeras pessoas para conseguir realizar toda a operação necessária, e extraíram o dente, para alívio do pobre urso.

Apesar de toda a mobilização que o zoológico teve de fazer para poder tratar aquele urso, não foi exatamente isso que me chamou a atenção, e sim aquela cena inicial do urso se contorcendo e esbravejando. À primeira vista, poderia pensar que se tratava de um ataque de fúria, mas aquela foi a maneira utilizada pelo urso para demonstrar que algo estava errado. Havia sofrimento, havia dor.

E nós, humanos? O que fazemos com o que sentimos? Talvez alguns esbravejem como o urso (se isso acontece, provavelmente virão pessoas querendo lhes dar um sedativo!). Pensando bem... talvez não seja tão conveniente esbravejar...

Outros, ao sentirem uma dor emocional, talvez se calem, se fechem em seus quartos, se deprimam. Agora será a vez dos antidepressivos.

Outros, ainda, não esbravejam nem se deprimem, simplesmente "engolem" o que sentem. Quem sofrerá, nesse caso, será o corpo. Mas os remédios "darão um jeito": analgésicos, quimioterapia... E se eu não esbravejo, não me deprimo, nem adoeço, posso ainda me defender do que sinto, simplesmente, não o sentindo mais. Fico indiferente, apático a tudo. Um psicopata é assim, não sente. Não que todos cheguem a esse extremo, mas quem bloqueia os sentimentos negativos paga o grande preço de não sentir mais nem os positivos. Enfim, o que importa é tirar a dor. Não nos permitimos sentir, muito menos expressar o que sentimos. Somos analfabetos nisso.

Precisamos pensar em qual é nossa forma de manifestar o que sentimos. Precisamos prestar atenção a detalhes para percebermos qual é a forma de nossos amados, amigos, filhos ou cônjuge manifestarem o que sentem.

Recordo-me de uma paciente que, quando criança, era abusada pelo tio enquanto os pais saíam para dançar com os amigos. Quando os pais voltavam, ela ficava encolhida embaixo de um móvel. Os pais achavam que ela estava fazendo birra por eles terem saído e agiam de forma ríspida para que ela saísse de lá. Isso gerou muita mágoa, sentimento de solidão e desproteção. "Como é que as pessoas que deveriam me proteger brigam comigo?"

Há pouco tempo, uma famosa apresentadora de TV expôs que, na infância, passava por abuso e disse: "Talvez eles devessem ter notado que, quando eu não falava muito – eu que sou de falar demais –, é porque estava acontecendo algo comigo". Já outras crianças, diante da mesma situação, podem se tornar muito agressivas ou autodestrutivas, machucando ou se machucando. Enfim, o ser humano pode reagir de diversas formas diante de um mesmo problema.

Durante uma sessão de EMDR (técnica que será explanada no capítulo sobre trauma), um alcoólatra disse: "Acabo de descobrir que não gosto de álcool. O gosto é ruim. O que busco no bar é amor. Quando chego no bar, os amigos dizem: 'Oi, como foi o dia? Chega aqui!'. Quando estou saindo, eles me abraçam e dizem: 'Não vá agora, fica mais um pouco, toma a saideira!'. Em contrapartida, quando chego em casa, minha esposa permanece de costas viradas para mim, cozinhando ou lavando a louça... Isso dói".

Um dos problemas desse "analfabetismo" é que muitas vezes reagimos a um sentimento que nos feriu de forma inconsciente, com intenção de chamar a atenção da pessoa que nos magoou. Por exemplo: um esposo pode voltar mais tarde do trabalho para mostrar que está magoado. A esposa, por sua vez, também "analfabeta" na linguagem dos sentimentos, não entende esse gesto e ainda o interpreta de forma errada: "Ele não me ama mais, só dá valor ao trabalho. Quando ele chegar, vou dar as costas e mostrar que estou magoada".

Ele chega em casa, e vai entender, desse jeito, sabe Deus o quê. "Viu só, ela não me ama mesmo, amanhã vou voltar ainda mais tarde..." É uma verdadeira bola de neve que, muitas vezes, acabará em separação. E por falar em separação...

Um filho é capaz de morrer para unir pai e mãe

Vou usar o caso de uma menina de dez anos para sintetizar o que estamos falando.

Ela sofria de uma desnutrição muito grave, depressão, tinha problemas de aprendizagem e ainda urinava e defecava nas calças. Uma situação bem complicada, pois era apática, parecia uma pessoa à beira da morte. Sabe o que causou tudo isso? Os pais estavam separados há 4 anos e ela estava sofrendo muito com a separação, havendo mais um detalhe importante: o pai já estava casado novamente, com filhos da segunda união, feliz.

Portanto, não haveria possibilidade de os pais reatarem. Ela "decidiu" adoecer para chamar a atenção dos pais e uni-los. Acompanhe.

Nas primeiras sessões, utilizando técnicas que visavam a resgatar as cenas positivas vividas no decorrer da vida, a menininha foi-se lembrando de momentos bons da época em que os pais estavam juntos. Ela sorria ao se lembrar dos pais se abraçando, se beijando, passeando com ela no parque. Isso fazia com que as cenas negativas de brigas e agressões entre eles fossem perdendo força. Com as cenas positivas, ela entendia que havia amor.

Emocionei-me numa sessão na qual ela se lembrou de que, numa das vezes em que os pais ficaram um tempo separados, ela fizera "votos" (ela é evangélica) a Deus, para que os pais voltassem e, naquela época, eles voltaram. E, aí, ela disse: "Hoje Deus não me ouve mais... eu faço votos e ele não traz meu pai de volta. Eu fico muito triste com Deus. [...] Mas eu pensei uma coisa, agora: meus irmãozinhos [frutos da segunda união do pai] são ainda muito pequenininhos e precisam mais do papai do que eu. Acho que é por isso que Deus não traz o papai agora. Tá bom... vou perdoar Deus".

Naquelas primeiras sessões, só por resgatar nela o amor dos pais e o amor de Deus, os sintomas de depressão diminuíram e a enurese e encoprese desapareceram. Já sc podia ver um sorriso no seu rosto, e não fazia mais xixi nem cocô nas calças. Porém, o restante continuava complicado, a desnutrição continuava aguda e piorava a cada dia.

No decorrer das sessões, ela me trouxe a seguinte imagem: ela com dois aninhos de idade, internada em um hospital. Perguntei-lhe o que havia de positivo naquilo, e ela surpreendentemente me respondeu: "O papai e a mamãe estão juntinhos!", ou seja, entendeu que, se adoecesse, o pai e a mãe estariam sempre juntos para cuidar dela. Criava a doença para concretizar aquilo que acha correto: se adoeço, uno pai e mãe. Alerto você, que é pai ou mãe: preste atenção em seus filhos quando contraem viroses e infecções graves, observem se logo antes de a criança contrair a doença você e seu cônjuge não tiveram nenhum desentendimento grave que eles possam ter percebido.

Na tentativa de desfazer aquela cena negativa que me revelou e reverter a situação na cabecinha dela, disse que aquilo não tinha nada de bom, pois tivera de tomar remédios amargos, injeções. Porém, ela me chocou dizendo que estava "vendo uma cena do futuro": via-se num caixão. Uma menina de dez anos tendo desejos de morte! Você já conseguiu discernir por quê? Comecei a instigá-la a trazer à tona algo que explicasse aquele seu desejo mórbido, então ela contou que se viu sentada no colo do pai, e este, a abraçando, dizia: "Filha, eu te amo tanto, mas tanto, que se você morrer eu morro junto". Palavras que tiveram um significado muito maior para aquela criança do que o pai poderia prever, pois ela entendeu que, se morresse, o pai morreria, e logo a mãe não resistiria e morreria também; e os três ficariam juntos lá no céu. Este exemplo, para mim, foi muito forte, porque vi na prática que um filho seria capaz de morrer para unir pai e mãe.

Percebeu a nossa capacidade de adoecer? A garotinha não estava fazendo nada por mal, apenas colocava em prática o que estava entendendo que era certo. Naquela sessão, ela percebeu seu engano, entendendo que, ao fazer aquilo, piorava a situação, pois seus pais não se uniam quando adoecia; pelo contrário, eles se afastavam mais, porque um acusava o outro de não cuidar direito dela, gerando ainda mais raiva entre eles. Então, ela chegou à conclusão de que deveria alimentar-se. Com isto, foi possível reverter o quadro: começou a engordar, a ficar mais corada, com os olhos brilhando. Era outra criança!

O problema que tínhamos a resolver, a partir daquele momento, era que ela havia começado a mentir. Criava mentiras para tentar unir pai e mãe. Por exemplo: ligava para o pai dizendo: "Papai, venha correndo, a casa está pegando fogo", com a intenção de que o pai viesse até a casa, visse a mãe e se apaixonasse por ela novamente. Enfim, ela não havia desistido de unir pai e mãe.

Após sessões de orientação individual com ambos os pais e sessão de preparação com a própria garotinha, criamos um momento no qual os pais se encontrariam dentro do consultório. No dia marcado, o pai chegou antes, e ela viria com a mãe. Quando chegaram, ao abrir a porta, a garotinha estava vestida de "daminha". Ela fizera questão do vestido de dama. Sentou-se no colo do pai e, chorando, disse: "Pai, volta com a mãe?". Naquele momento, todos os que estavam presentes naquela sala choraram. Inclusive eu.

O pai, que já estava orientado, explicou à filha que ele amava, sim, a mamãe, mas que eles haviam brigado muito, um machucando muito o outro e que ele não queria mais machucar a mamãe, e para que aquilo não acontecesse mais era bom que cada um permanecesse em sua casa. Aquela foi a última tentativa de unir os pais, desta vez sem precisar adoecer nem se colocar como vítima de uma história ou manipular uma situação. Ela simplesmente agiu de forma direta, expondo o que sentia e desejava. Depois de tudo isso, todos os sintomas sumiram.

Entenderam como somos capazes de adoecer? Mas viram, também, como somos capazes de curar nossas feridas?

Sinto culpa por ser feliz

Uma pessoa muito querida por mim casou com um homem muito bom, atencioso, bom profissional, bom caráter. Amaram-se reciprocamente, tiveram filhos saudáveis, alegres. No entanto, num determinado momento, ela entrou num processo depressivo. Tinha tudo para ser feliz, mas não conseguia mais sentir felicidade.

Em seu processo terapêutico, descobriu que se sentia profundamente culpada por ser tão feliz. Ela vinha de uma família destroçada, e seu pai era alcoólatra. Quando bebia, ficava agressivo. Na infância, viu cenas horríveis acontecerem. Tentou "salvar" esse pai do vício inúmeras vezes: levava-o às reuniões do A.A. (Alcoólicos Anônimos), internava-o em clínicas, das quais ele fugia. E tudo naquela casa continuava igual: mãe infeliz, irmãos infelizes. Como ela poderia dar-se ao direito de ser tão feliz?

Em seu processo, precisou lidar com sua impotência diante daquele pai, daquela família. Ela sempre foi uma pessoa muito pronta a ajudar pessoas, grupos, casais... Como não podia fazer nada pela própria família? Eis a culpa: "Como posso ser feliz, se eles estão sofrendo?".

Ela conseguiu entender que fez tudo que podia, mas esbarrou no livre-arbítrio do outro. Sabe-se lá por quê, aquele pai decidiu morrer bebendo. Seis meses antes de sua morte (cirrose hepática), o médico disse que deveria parar de beber naquele dia, ou teria poucos meses de vida. Mesmo assim, ele não parou. Compreender que era impotente diante do livre-arbítrio do pai ajudou-a a livrar-se da culpa. Ela decidiu fazer tudo diferente! Agora poderia decidir ser feliz!

Veem a força que temos em nós? A força de decidirmos ser saudáveis, felizes, mesmo vindo de um histórico de dor? Que dimensão é essa que tem a capacidade de decidir adoecer ou se curar?

Karl Gustav Jung, psicanalista suíço, quando fala da "criança divina" que há dentro de nós, diz que as "feras" não podem atacá-la. Concordo com ele. Eu diria que, mesmo diante de um trauma, essa dimensão permanece protegida, intocada. Ela pode até se esconder, adormecer, mas podemos acordá-la. Só ela poderá decidir novos posicionamentos diante da dor. Pode decidir deixar de ser vítima de uma situação e, ao invés disso, crescer com as adversidades.

A mágoa, o ódio e o ressentimento são capazes de bloquear, no cérebro, as lembranças positivas

Um adolescente de quinze anos estava num quadro depressivo desde os doze anos, quando sua mãe morreu atropelada por um ônibus. Ele não presenciou a cena do acidente. A última memória que tinha da mãe era do dia anterior: "Vejo ela sentada numa cadeira, no quintal da casa, olhando para o vazio, depois de ter lavado a sujeira que meu pai fizera ao esparramar, de propósito, as fezes de sua bolsa de colostomia sobre as roupas de cama".

Aquela cena gerava nele um ódio profundo do pai, que era usuário de drogas e roubava coisas da mãe para manter o vício. Depois da morte da esposa, o pai sumiu pelo mundo. A última pessoa que o viu disse que ele se tornara um mendigo.

Sua frase em relação a tudo o que vivera era: "Jamais vou conseguir perdoar meu pai". Iniciei, então, a sessão com uso da técnica EMDR. O rapaz chorava muito, trazendo várias cenas negativas: "Ele roubava tecidos da mãe... nos aniversários, ele nem participava direito, ficava de lado... Ele não gostava de tirar fotos comigo... a tia contou que, quando a mãe estava grávida de mim, ele deu um chute na barriga dela! Ele era um bicho!". Ele chorava com muita mágoa e raiva. Depois de algum tempo, perguntou-se: "Por que será que meu pai era assim?". Então, ele mesmo respondeu a sua pergunta: "Meu avô era muito ruim com ele, batia muito. Uma vez, ele apanhou com fio de luz. Ele me mostrou as cicatrizes que tinha nas pernas... Senti pena do pai...".

Só então o adolescente começou a desbloquear as lembranças positivas que tinha. Continuava chorando muito, mas agora não mais de raiva: "Ele me colocava no colo para eu dirigir o carro... Me levava ao zoológico para me mostrar os animais... Uma vez, me ajudou a fazer a casinha da minha cachorrinha... Ele nunca me bateu!... Quando a mãe queria me bater, ele não deixava... Será que ele passa fome, frio, na rua? Vou rezar por ele! Tenho pena. Minha mãe era muito boa. Acho que ela já perdoou o pai lá do céu. Se ela perdoou, eu posso perdoar". A partir de então, ele parou de chorar.

Pedi que ele pensasse novamente na cena perturbadora (a mãe olhando para o vazio). Ele disse: "Não sinto mais nada".

Percebem que ele só conseguiu perdoar o pai após entendê-lo? A raiva precisou vir à tona. A raiva fez (e faz) parte de um processo de cura. Pessoas, após a separação, traição e outras coisas, buscam orientadores ou amigos que dizem: "Você precisa perdoar". Sim, mas, antes disso, é preciso sentir. Se não, passamos apenas uma "maquiagem" no problema, e o perdão não será autêntico.

Outra observação: aquele pai não era só mau. Aliás, ninguém é só mau ou só bom! Somos humanos! Ora acertamos, ora erramos. Quando ele resgatou o lado bom do pai, a visão dele mudou, o que facilitou a cura.

Sobre bifes e eu

Usamos, até agora, exemplos graves e críticos. Mas, talvez, você esteja pensando que não sofreu abuso nenhum, sempre teve uma família boa, linda, saudável, nunca teve grandes problemas e, mesmo assim, sente que algo o bloqueia, sente que alguma coisa não está certa e não consegue desenvolver certos objetivos de sua vida. Onde está o erro? Onde está o problema?

Vou lhe contar um episódio de minha própria vida. Quando se inicia o treinamento para aprender novas técnicas, passa-se por sessões de terapia, para conhecer a técnica antes de exercê-la. E lá fui eu para a sessão. Minha terapeuta pediu que trouxesse à tona uma cena traumática de minha vida. E olha só o que apareceu: quando eu tinha oito anos de idade, minha irmã nasceu. Linda! Carequinha, com os olhinhos clarinhos. Você, que é pai, sabe como são os três primeiros meses: a criança chora, os pais não sabem o que fazer, a criança tem muitas cólicas devidas ao desenvolvimento incompleto do seu intestino; enfim, a atenção é toda voltada para o bebezinho. E eu, para variar, tinha de ter um ataque de ciúmes! Afinal, na minha cabecinha, meus pais agora só amavam minha irmã.

Foi então que tive a brilhante ideia de fazer algo bom para que meus pais olhassem novamente para mim. Enquanto meus pais faziam massagens na barriga de minha irmã para aliviar as dores de uma cólica, olhei para a mesa e ela estava posta para o jantar. Arroz, feijão, salada e três bifes à milanesa enormes. Meus olhos se encheram. Pensei: "Se eu comer toda a carne, mamãe vai voltar e vai dizer: que lindo! Ela comeu tudo!". E foi isso que fiz, comi com toda a vontade do mundo aqueles três deliciosos bifes. Quando estava terminando de comer o terceiro, meus pais chegaram à mesa e viram a cena. Eu escutei de tudo, menos aquela frase que queria ouvir. Parece patético, mas, quando me lembrava dessa história, dava-me aquele nó na garganta. Era doloroso ter o sentimento de desamor. Afinal, só queria uma frase boa, só queria sentir-me amada. Creio que em algum momento você já se sentiu assim.

No decorrer da técnica, comecei a me perguntar por que a mamãe agiu daquela forma, por que ela brigara comigo. A primeira resposta foi engraçada e automática: "Porque minha mãe estava com fome!". Então, a terapeuta perguntou: "Mas não é porque ela não te ama?". Eu comecei a rir: "Não! É porque ela está com fome!". Logo em seguida, lembrei-me do restante da cena: minha mãe abrindo a geladeira e mostrando que não havia mais nenhuma "mistura" para oferecer para o papai; ele havia trabalhado o dia todo, estava com fome e cansado, e eu havia comido todos os bifes. Ela achou que eu estava fazendo birra, nem imaginou que eu só queria amor. E o que os pais fazem quando seu filho faz birra? Eles repreendem. Isso é amor.

Rever momentos desagradáveis, por mais simples e banais que pareçam, reavaliar a situação traumática, perceber o lado da razão; isto é reescrever uma história. Quando não fazemos isso, acabamos carregando um fardo pesado que arrastamos ao longo da vida.

Sentir raiva e culpa faz parte do processo da cura, do perdão

Compreender a pessoa que nos feriu, permitir-mo-nos sentir todas as emoções relativas àquilo que nos machucou e resgatar o lado positivo que está escondido possibilitam a cura.

As palavras "perdão" e "compaixão" muitas vezes são usadas em tom religioso. A partir das novas pesquisas relacionadas ao funcionamento do cérebro diante de um trauma e da possibilidade de cura destes traumas, elas têm feito parte de processos de curas psicológicas dentro dos consultórios.

Um caso atendido pelo Dr. David Servan-Schreiber, utilizando a técnica EMDR, deixa claro o quanto os sentimentos negativos, mas também os positivos, fazem parte desse processo. Citarei alguns trechos do caso, adaptados de seu livro (SERVAN-SCHREIBER, 2004).

Lílian, atriz, professora de arte dramática, aos seis anos se machucou na parte interna da coxa em uma cerca, enquanto brincava no quintal. Seu pai a levou ao consultório médico e ficou ao seu lado enquanto a médica deu pontos na região. Ao voltarem para casa, o pai a estuprou pela primeira vez.

No início da sessão, ela dizia: "Não foi minha culpa? Tudo começou com a minha queda no quintal e o fato de que meu pai viu a minha genitália no consultório do médico". No desenrolar da sessão, ela expressou uma raiva justa: "Como ele pôde ter feito uma coisa dessas comigo? Como a minha mãe permitiu que ele continuasse com isso durante anos?...". Com o uso da técnica, ela se viu menininha e sentiu tristeza profunda e enorme compaixão pela pequena menina... A culpa desapareceu, e ela compreendeu que era só uma garotinha ferida que o pai deveria ter protegido. A raiva, então, se transformou em tristeza.

Explorou-se, então, a história do pai: na Segunda Guerra Mundial fora torturado. A família contava que, depois da guerra, ele não voltou a ser a mesma pessoa. Em seguida, Lílian sentiu pena e compaixão pelo pai. Naquele momento, ela o via como um homem com uma sede intensa de amor, que sua esposa, rude e emocionalmente endurecida pela vida, tinha lhe negado. Assim, ela atingiu a compreensão profunda daquele pai. Por fim, ela o viu como um velho que mal podia andar: "Ele tem uma vida tão dura. Eu fico triste por ele".

Entender esse pai de forma profunda fez com que ela conseguisse perdoá-lo. Um processo de cura exige que olhemos o outro através de suas máscaras, por detrás de sua doença, de sua armadura. Eu costumava ouvir, de uma professora, a seguinte frase: "Atrás da armadura, do castelo, há um ratinho encolhido, com medo"; quando olhamos a armadura, nos assustamos, podemos fugir, sentir raiva, querer agredir. É preciso ver o ratinho, que muitas vezes precisa de colo para ser curado.

Não é o trauma que nos vitimiza, mas sim o posicionamento que tomamos diante do trauma

Talvez nos perguntemos por que determinada pessoa sofreu tanto com uma separação, com a perda de um namorado, uma demissão, enquanto outra conseguiu reagir de forma positiva, usando sua dor como um motivo até para crescimento pessoal. Essa diferença se dá pelo fato de que não é tanto o "trauma" que nos vitimiza, mas sim o posicionamento que tomamos diante dele. Isso pode ser observado, inclusive, em gêmeos. Eles podem ter vivenciado a mesma situação dos pais brigando, e um pode decidir se fechar, se encolher, pensar que amar faz sofrer e, portanto, não amar. O outro gêmeo pode tomar uma decisão diferente e decidir ser diferente dos pais e amar.

Gosto de citar como exemplo pessoas que viveram em campos de concentração; imagine o peso dos traumas pelos quais passaram. Algumas dessas pessoas saíram dos campos de concentração e nunca mais conseguiram levar uma vida normal. Outras, no entanto, saíram de lá ainda mais fortalecidas. Um exemplo é Viktor Frankl, um psiquiatra judeu que ficou preso por vários anos no campo de concentração de Auschwitz. Ele perdeu quase toda a família e bens pessoais e suportou terríveis experiências médicas feitas pelos nazistas.

Diante de tanto sofrimento, poderíamos pensar que, ao ser liberto, nunca mais seria o mesmo. E realmente não foi: aprendeu bastante a respeito da natureza humana em meio ao sofrimento. Lançou livros, criou uma nova abordagem psicoterapêutica (a Logoterapia), palestrou em diversos lugares do mundo, inclusive no Brasil. Cito, agora, um trecho de seu livro *Em busca do sentido*, que confirma o que estou dizendo neste capítulo:

Sigmund Freud uma vez afirmou: "Deixe alguém tentar expor à fome diversas pessoas, de maneira uniforme. Com o aumento da urgência imperativa da fome, todas as diferenças individuais [desaparecerão]". Graças a Deus, Sigmund Freud foi poupado de viver a experiência dos campos de concentração. Seus textos deitam-se nos sofás de veludo da cultura vitoriana, não na sujeira do Auschwitz. Lá, as "diferenças individuais" não obscureceram, ao contrário, as pessoas tornaram-se mais diferentes; as pessoas se desmascararam, tanto os porcos quanto os santos... O homem é essencialmente autodeterminante. Ele se transforma no que fez de si mesmo. Nos campos de concentração, por exemplo, nesse laboratório vivo e nesse solo de testes, nós presenciamos e testemunhamos alguns de nossos companheiros comportarem-se como porcos, enquanto outros se comportavam como santos. O homem tem ambas as potencialidades dentro de si mesmo: a que se efetiva depende das decisões, não das condições (apud HUNTER, 2007, p. 119-120).

Outro exemplo que, para mim, tem muito a nos dizer é de Dom Van Thuan. Ele era vietnamita, e ficou preso por nove anos numa solitária sem janelas. Às vezes, a luz elétrica ficava ligada durante muitos dias e noites, às vezes era deixado na escuridão. Fazia calor e o lugar era muito úmido.

Quando foi preso, ele pôde escrever uma carta para enviar a sua comunidade: "Por favor, mandem-me um pouquinho de vinho para dores do estômago". Os fiéis entenderam o que ele quis dizer. Então, mandaram o frasco de remédios com a seguinte inscrição: "Remédios para dores de estômago". Então, ele celebrava a missa sozinho, todos os dias, com três gotas de vinho e uma gota de água na palma da mão. "Foram as mais belas missas da minha vida."

Não podia ter a Bíblia. Então, escrevia em pequenos pedaços de papel frases que lembrava de cor; ao todo, eram trezentas. Dizia que era delas que extraía a força de que precisava. No início, o relacionamento com os guardas era muito difícil, mas ele acreditava que o amor vence tudo: "O amor suscita como resposta mais amor". Dessa forma, conseguiu conquistá-los, alguns até como amigos. Acompanhe.

"Puseram cinco guardas para me vigiar. Seus chefes lhes haviam dito: De quinze em quinze dias vocês serão substituídos por um outro grupo, para não serem contaminados por esse bispo perigoso... Um dia, devia cortar lenha. Pedi a um dos guardas:

– Você me permite cortar um pedaço de madeira em forma de cruz?

Então, o guarda perguntou:

– Mas por quê?

– Uma recordação.

– É proibido.

– Sim, mas você é meu amigo.

– Mas, se descobrirem, serei punido.

– É verdade que eu não posso fazer isso na sua vista, mas, por favor, feche os olhos e não me olhe...

Então o guarda virou de costas e se afastou. Num outro dia, pedi a outro guarda:

– Você pode me ajudar? Preciso de um pedaço de fio elétrico.

– O senhor quer se suicidar?

– Não, preciso viver para combater vocês.

– Então, o que quer fazer?

– Uma corrente para pendurar minha cruz...

– Eu não posso lhe recusar essa ajuda... Amanhã, no meu turno, eu lhe trago.”

Essa cruz e essa corrente, depois que foi solto e se tornou cardeal, era a cruz que ele usava no peito.

O engraçado foi que, depois de um tempo, os chefes desistiram da ideia do rodízio entre os guardas. Deixaram só um grupo cuidando dele, porque, com o rodízio, todos os guardas da prisão estavam sendo “contaminados” por ele.

Esta história mostra a força que existe dentro de nós, que nos torna capazes de não sermos afetados por algo que poderia ser motivo de um grande trauma.

Certa vez, participando de um debate sobre trauma e citando os exemplos de Viktor Frankl e Dom Van Thuan, fui fortemente criticada por um dos convidados, que era especialista em neurociência. Ele dizia que, diante de traumas, o organismo não se consegue defender e que há, inclusive, destruição de determinadas áreas de nosso cérebro. De maneira nenhuma discordo disso, mas creio que, além de sermos físicos e psíquicos, temos também uma outra dimensão, uma dimensão que vai tomar os posicionamentos e as decisões diante dos obstáculos da vida, independentemente da gravidade dos nossos traumas. Conto isso para que fique claro que somos capazes de usar tudo o que nos acontece para nosso crescimento, para nossa cura. Para mim, cura é reescrever nossa própria história.

Francine Shapiro, em uma fala, disse que a experiência negativa não é como uma farpa que precise ser retirada:

> Não temos que extrair a farpa [...] essas experiências são parte da vida da pessoa. Simplesmente estavam armazenadas inadequadamente. Portanto, em vez de aprender com elas, estávamos apanhando delas. [...] Tudo o que aconteceu permitiu que eu me convertesse na pessoa que sou hoje. [...] Há um sistema natural dentro de nós que toma todas essas experiências que temos e dá um sentido a elas (SHAPIRO, 2006).

Só assim poderemos reescrever nossa história e, então, mudar seu final.

Ao tratar nossos pacientes, temos a honra de entrar no estranho mundo governado pelos milagres da mente.

David Grand

CAPÍTULO 2

O trauma e os segredos do nosso cérebro

"Trauma", em grego, quer dizer ferida. Quando pensamos nessas duas palavras, a tendência é imaginarmos que se tratam de aspectos essencialmente psicológicos. Entretanto, recentes pesquisas sobre o cérebro mostram que não só as emoções são prejudicadas, mas também o funcionamento cerebral fica alterado diante de um trauma.

Vamos entender, de forma simplificada, como isso acontece. Neste capítulo, tentarei mostrar como nossa mente reage a um trauma e que é na própria mente que está a cura para ele. Não tenho qualquer intenção de usar um discurso técnico, até mesmo porque não domino o conhecimento a respeito do cérebro. Portanto, perdoem-me os neurocientistas.

Grande parte dessas pesquisas é mérito da Dra. Francine Shapiro, que, desde 1987, tem desvelado alguns mistérios do cérebro e apontado meios para "provocar" sua cura. Francine recebeu o prêmio de Realização Científica Distinta em Psicologia da Califórnia e o Prêmio Internacional Sigmund Freud, em 2002, para Psicologia, oferecido pela cidade de Viena.

O método de tratamento criado por ela, EMDR (Eye Movement Desensitization and Reprocessing – Dessensibilização e Reprocessamento por Movimentos Oculares), é oficialmente reconhecido pela Associação Americana de Psicologia e pela Sociedade Internacional para Estudos sobre o Estresse Traumático; já foram treinados quarenta mil terapeutas pelo Instituto EMDR; na França, Suécia, Alemanha e na Holanda, algumas faculdades de Medicina e departamentos de Psicologia estão começando a ensinar o método EMDR.

David Grand, com quem tive o prazer de estar algumas vezes, escreveu em seu livro *Cura emocional em velocidade máxima* (2007), que a descoberta de Francine Shapiro o convenceu de que milagres são possíveis.

Esly Carvalho, que difundiu o EMDR pelo Brasil, e é uma das grandes responsáveis pela transformação da minha atuação clínica, também acredita em milagres. Como David Grand disse (2007, p. 30): "As únicas respostas significativas se encontram na mente, no corpo e no espírito do paciente".

Para Francine Shapiro (2006), um trauma é uma experiência fisicamente armazenada no cérebro inadequadamente. Como ela diz: "Uma forma errada da memória". Se pedirmos a um paciente para lembrar-se de uma situação que o fez sofrer e, ao mesmo tempo, monitorarmos o funcionamento cerebral por meio de ressonância magnética funcional, observaremos que há maior atividade no hemisfério direito do cérebro; em contrapartida, parte do córtex pré-frontal fica sem ativação.

Considerando que o lado direito do cérebro é nosso cérebro emocional, e o córtex pré-frontal é o cérebro racional, poderíamos pensar que diante de um trauma ou da lembrança de um trauma, ficamos "burros"; não pensamos, apenas sentimos.

Em nossa vida, com certeza nos deparamos com amigos ou parentes que tentamos ajudar com conselhos ou orientações. Algumas vezes, sentimo-nos frustrados porque parece que aquela pessoa "não me ouve", ou "não me entende". De fato, ela não está entendendo porque parte de seu cérebro está bloqueada. Não há conexão entre razão e emoção. Ela pode até ouvir, mas isso não afeta a emoção.

Ao vivenciar um grande trauma, as informações perturbadoras ficam armazenadas no cérebro. Se conseguirmos reagir a um evento traumático como, por exemplo, um assalto, e lutarmos ou fugirmos, nos lembraremos disso para sempre, porém, isso não nos impedirá de prosseguirmos com a nossa vida. Saímos do evento sabendo que fizemos tudo o que era possível:

lutamos, sentimos raiva, choramos... É até possível que saiamos dessa situação com ideias positivas sobre nós mesmos, e isso pode afetar positivamente a nossa vida (frases como: "sou forte", "eu consigo", "sou protegido por Deus", "eu venci").

Porém, se ocorrer o contrário, ou seja, se, ao invés de reagirmos ao evento traumático, ficarmos paralisados, a imagem do evento ficará congelada. O sistema natural que existe em nosso cérebro para processar essas informações fica bloqueado. E a cura desse trauma, que poderia acontecer ao longo dos dias de forma natural, é impossibilitada de ocorrer justamente por esse bloqueio. Frases oriundas dessa situação poderão afetar a nossa vida negativamente para sempre ("sou sujo", "sou fraco", "sou culpado", "sou indigno de ser amado", "não posso confiar em ninguém").

Isso se dá porque a informação ficou congelada no tempo, isolada em sua própria neurorrede (algo similar a uma "quadra" que se constrói no cérebro para que algumas emoções possam "morar"), como explica Francine Shapiro (2001, p. 47):

> Uma vez que seus receptores biológicos, químicos, elétricos não são capazes de facilitar adequadamente a transmissão entre as estruturas neurais, a neurorrede na qual a velha informação encontra-se armazenada fica, na prática, isolada.

Isso, de certa forma, explica por que pessoas com grandes traumas fazem anos de terapia verbal ou leem livros de autoajuda e conseguem apenas avanços pequenos: as informações positivas (aprendidas com os livros, palestras, orientações) residem em sua própria neurorrede que, por sua vez, não consegue comunicar-se com a neurorrede isolada do trauma.

Aliás, diante de um grande trauma, as experiências positivas perdem força. Francine Shapiro (2006) diz que "se uma pessoa está mal, não significa que não tenha experiências positivas. Significa que não tem acesso a elas".

Espero ter sido clara até aqui. Em resumo, gostaria apenas que você entendesse que, diante de um grande trauma, parte da nossa mente fica bloqueada.

Como "provocar" a cura?

Ora, em que essas descobertas ajudam na cura dos traumas? Pois bem, Francine Shapiro (2001) descobriu que, se eu "provocar" a parte do cérebro que está bloqueada enquanto lembro o trauma, possibilito novamente a comunicação entre as neurorredes do cérebro. Como isso acontece?

A descoberta se deu casualmente enquanto a autora caminhava pelo parque lembrando-se de situações que a perturbavam. Observou que, enquanto fazia isso, seus olhos se mexiam em diagonal de um lado para outro e as sensações ruins diminuíam, as coisas ficavam mais claras para ela. Isso a intrigou; começou, então, a realizar pesquisas para verificar o que, no cérebro, causava aquele movimento e seu efeito. No início, ela imaginava que aqueles movimentos apenas diminuíam a "dor" do trauma. Logo acabou por perceber, ao pesquisar vítimas de estupros e veteranos da Guerra do Vietnã, que havia, além da diminuição da dor, um reprocessamento do trauma: não só alívio, mas cura.

Ao longo dos anos, ela constatou que o movimento dos olhos não era a causa do reprocessamento e da cura, mas sim a estimulação dos dois lados do cérebro, de que o movimento dos olhos é uma parte. A terapia baseada em EMDR, hoje bastante desenvolvida, utiliza uma combinação de estímulos (toques alternados de mãos, sons bilaterais etc.) e diversos tipos de movimentos oculares específicos para conduzir o processo de cura, que ocorre em pouco tempo.

Costumo, ludicamente, explicar aos meus pacientes que o trauma é como uma "formiga" no cérebro. Mas, como nosso cérebro positivo está dormindo, uma formiga vira um leão. Se acordo meu cérebro sadio de novo, essa formiga ficará em desvantagem, porque terei todo o resto do cérebro a meu favor novamente. E, assim, como o nosso corpo foi criado para ser capaz de cicatrizar uma ferida, Francine Shapiro (2001) descobriu que também nosso cérebro foi criado para ser capaz de curar as feridas emocionais. É preciso apenas criar condições favoráveis para que isso aconteça.

Talvez você, que está lendo este livro e que tem convicções religiosas, possa estar pensando que essas descobertas tirariam o aspecto mais transcendente da cura. O que tenho a dizer quanto a isso é exatamente o contrário. Se acredito que o cérebro foi criado por Deus, é apenas mais uma constatação de quão perfeito é o ser humano.

Além disso, pessoas que estão num nível muito profundo de sofrimento mal conseguem fazer suas orações. Sabemos o quanto experiências de oração beneficiam o cérebro. Há muitas pesquisas quanto a isso.

David Grand (2007, p. 234) diz que o EMDR integra, sistematicamente, "corpo, mente, pensamento, emoção e espírito". Então, as interconexões entre todas essas partes voltam a acontecer.

Devo dizer que alguns traumas se ligam inclusive a pensamentos referentes a Deus, como: "Deus me abandonou"; "Deus me castigou". A sensação de "abandono por Deus", segundo algumas pesquisas, causa um profundo sofrimento à pessoa, colocando-a em um verdadeiro "poço escuro".

O neurocientista e psiquiatra da Universidade de Harvard, Bessel Van Der Kolk (2006), estudando milhares de sobreviventes de situações terrivelmente traumáticas – acidentes, terremotos, abusos, terrorismo –, evidencia aquilo que ele denomina *God-Forsaken* (sensação de abandono por parte de Deus, solidão; não se acredita mais em nada, há falta de significado para a vida). Acompanhe este caso:

Um paciente, violentado na infância por um adulto, disse, durante uma sessão, estas frases: "Eu tenho mágoa de Deus... Deus está olhando e não está fazendo nada! E aquele homem arrancando a minha roupa! Não posso confiar em Deus, estou sozinho... Deus não me protegeu... Eu sempre reclamei e ele nunca me deu resposta... Abandono de Deus... isso me corroía. Por que tinha que colocar um monstro desses na terra? Eu precisava de alguém, mas não havia ninguém... eu estendia o bracinho, mas não havia ninguém...".

Lembra-se de que diante do trauma a parte saudável do cérebro fica bloqueada e as cenas positivas perdem força? Na medida em que a sessão foi acontecendo, ele foi se lembrando de cenas muito lindas de sua vida, que ele entendeu como sendo um carinho, ou um consolo de Deus. Lembrou-se de retiros espirituais em que teve experiências profundas.

No final da sessão, ele disse: "Deus não me abandonou... Ele chorou comigo. Eu não contei para ninguém o que tinha acontecido. Eu ia pedindo que Deus amenizasse minha dor... e ele foi amenizando. Aquele homem, sim, é um coitado... não tem Deus. Deus está do meu lado. Eu poderia ter me transformado numa pessoa má, ou ido para as drogas por causa de tudo isso por que eu passei. Mas Deus me protegeu, não estou só".

Acompanhe, agora, este caso:

Certa paciente veio com um histórico de agressão física por parte do marido. Veja algumas frases da sua sessão:

"Estou esgotada, sem forças. A dor está até amortecida. Eu queria só conversar, expor minha insegurança... e aí ele me atacou. Me calava a boca e batia... e uma das surras ocorreu na frente do nosso filho!".

No decorrer da sessão, foi se lembrando dos piores episódios. A primeira surra foi na lua de mel. A pior surra, segundo ela, foi quando estava grávida.

Até aqui poderíamos pensar que ela seria vítima de um agressor. No entanto, em um dado momento da sessão, ela disse: "Sou eu quem provoco as brigas! Nunca tinha pensado nisso antes! Muitas vezes ele dizia: 'Eu estou nervoso, pare de falar... Cale a boca, se não vou te bater...'. E eu não parava... mas só vejo isso agora!... Tenho raiva de mim, e o pior é que eu ainda quero isso... é coisa de louco, gente louca... Vejo meu filho olhando isso... isso dói".

O ponto crucial da sessão foi quando ela disse: "Eu não mereço ser amada, eu mereço castigo de Deus... quando solteira, me envolvi com um homem casado e destruí o casamento dele. Preciso pagar o castigo".

Consegue acompanhar a "lógica" do inconsciente dessa paciente? A raiz primordial era a culpa diante de Deus.

Quase no fim da sessão, ela se lembrou da morte do pai, que, por ter sido repentina, não lhe deu tempo para se despedir. Muito emocionada, ela disse: "Se meu pai estivesse aqui, ele me abraçaria e não me condenaria. Se meu pai, que era tão humano, me ama tanto e quer meu bem, então entendo que Deus também me ama. Ele quer meu bem... não preciso mais apanhar...". Essa paciente era cristã e encerrou a sessão dizendo: "Jesus já pagou tudo por mim na cruz, não devo mais nada. Sou livre".

Em ambas as situações (do menino abusado e da mulher agredida pelo marido), as frases a respeito de Deus ("Deus me abandonou" e "Deus me castigou", respectivamente) afetaram diretamente sentimentos, emoções, relacionamentos, enfim, a vida como um todo.

Dessa forma, podemos concluir até aqui que, quando algo acontece e nos machuca, não há somente um sofrimento emocional, o cérebro também é "ferido", e é nele que se encontra a cura.

Como nossos pequenos traumas, vividos na infância, podem afetar nossa vida adulta

Quanto menor a criança, maior é o sofrimento diante de sentimentos como desamor, rejeição, inferioridade, menos valia... Ela absorve tudo de uma forma mais intensa. A criança é como uma esponja que suga o que está a sua volta.

Vamos pensar numa criança que se sentiu rejeitada ou sem valor diante do pai. E não é preciso que seja uma grande cena. Lembro-me de uma situação em que estávamos numa chácara, ao pé da serra, com um grupo de amigos. Um dos meninos, meio tímido, gordinho, veio caminhando por uma trilha bastante acidentada; isso fazia com que ele tivesse que subir em uns galhos, pedras e passar por algumas poças d'água. Eu o observava de longe, sentada na varanda, onde, ao lado, os adultos estavam reunidos, almoçando. Vi quanto esforço ele fez para conseguir chegar até nós por aquela trilha alternativa. Ele conseguiu. Chegou perto do grupo com cara de vitorioso, herói. Estava até de peito estufado!

Percebi que, no meio dos adultos, ele buscava o olhar de seu pai. Quando esse pai o viu, foi tomado por ira e disse: "Por que você está sujo desse jeito? Você não tem jeito mesmo! Olha! Parece um porco! Vá trocar de roupa!".

Houve um breve silêncio entre as pessoas que pararam para ver a cena. Os ombros do herói caíram, o peito estufado murchou, o olhar voltou-se para baixo de novo e ele saiu em direção a uma tia que o chamou delicadamente para ir trocar a roupa.

Aquilo doeu em mim... Eu não o conhecia antes dessa ocasião, mas bastava essa cena para entendê-lo. Se aquilo mexeu com os meus sentimentos, imaginem como mexeu com o afeto dele! Vamos supor que tenha sido a primeira vez que ele sentiu tal dor (embora eu ache pouco provável que tenha sido a primeira): todas as sensações de vergonha, desamor, menos valia, ficaram armazenadas no sistema nervoso da criança. A experiência se torna algo definidor em sua vida, que chamamos de *nó* (SHAPIRO, 2001).

Qualquer outro evento parecido com aquele tenderá a ligar-se ao nó ("Seu burro, por que não fez a lição?";

"Não vai ser nada na vida!...". As ligações de outras cenas ao nó formam, no cérebro, uma neurorrede que terá importância central na vida da criança. Vamos imaginar que, depois daquela cena, ele pensou: "Eu sou errado". Este autoconceito pode produzir uma profecia que se autorrealiza: "Eu sou errado, por isso as pessoas não me amam". Na juventude, esse menino gordinho e tímido provavelmente terá muita dificuldade em se relacionar. Se vier a namorar e, por qualquer outra razão, a namorada terminar o namoro, a pedra de toque, o nó, será novamente acionado. "Eu sou errado! Por isso ela me deixou..."

Como essa neurorrede é a ferida do cérebro (lembrando que fica isolada, como já explicamos no início do capítulo), esse jovem não conseguirá ver que, talvez, a namorada o tenha deixado por outras razões pessoais (talvez porque ainda amava outro namorado, talvez por ser imatura...). Não! A sua verdade, a sua profecia se cumpre: "Eu sou errado".

Talvez o amor que sentia por aquela namorada fosse tanto que, perdê-la, faria com que ele entrasse num processo depressivo profundo. Não por causa do término do namoro, que foi só a gota d'água, mas por todas as dores que se ligaram ao seu nó central.

Traumas da infância podem afetar um casamento

Confesso que uma mulher espancar seu marido não é um tema muito corriqueiro no consultório. Uma paciente que fez isso foi trazida por parentes um dia depois da surra. Ela perdeu de tal forma o controle que tiveram que levá-la a um pronto-socorro, onde os médicos deram medicações para acalmá-la naquela noite. E ela, simplesmente, não se lembrava de nada.

Vocês devem estar pensando: o que será que esse marido fez para merecer tal surra? Essa foi a mesma coisa que pensei.

No início da sessão, ela relatou que se sentia muito sozinha, abandonada pelo marido: "Acho que ele olha mais para as plantas da casa do que para mim. Não sou amada por ele. Eu sou um nada na vida dele, ele não se importa comigo".

Alguma esposa, agora, poderia pensar: "Bem que ele mereceu a surra". Mas acompanhe: iniciei a sessão seguindo todo o protocolo específico da técnica EMDR, em que a paciente entra em contato com sentimentos, sensações e cognições.

Depois de alguns minutos de processamento, ela conseguiu lembrar-se de seu "surto", do exato momento em que ele se deu: "Estava falando com ele, então ele se virou de costas para mim e foi dar atenção para a filha". Foi só isso? Somente isso que o marido fez para merecer aquela surra? Sim, aquela simples cena, o marido virando de costas, acionou uma dor que já existia dentro dela; foi como colocar o dedo na ferida.

Como já vimos, quando há uma ferida preexistente, ela fica armazenada inadequadamente no cérebro. Quando o marido se virou de costas para ela, sem querer, ele acionou o nó, a ferida da esposa, que era a dor de ser abandonada e deixada sozinha.

No desenvolver da sessão, ela se lembrou do dia em que seu pai abandonou sua mãe. "Viu" o momento em que o pai saiu pelo portão e não voltou nunca mais. O detalhe que mais a perturbava era lembrar-se de ver as costas do pai, já no portão.

Lembrou-se, também, do dia em que um ex-namorado a abandonou grávida, e ela teve que enfrentar tudo sozinha. Prosseguindo a sessão, ativando a parte do cérebro que estava "adormecida" diante do trauma, ela começou a compreender profundamente a situação e se conscientizou de que o marido não a abandonou. E ela disse: "Eu pirei para ver o quanto meu marido me amava". Logo, ela começou a rir e me surpreendeu ao dizer: "Bem, mas o meu marido não me abandonou como meu namorado, como meu pai; aliás, ele cuida de mim todos os dias, até mesmo arruma minha cama de manhã cedo somente para me agradar, me pega no colo, me faz carinho. Ele ama muito nossa filha, mas isso não significa que ele não me ame". Quando ouvi isso, fiquei chocada; pensei ter perdido alguma parte da história, pois, no início, o marido era um pilantra e, agora, era o melhor marido do mundo. Porém, este é o verdadeiro marido dela. Quando ela consegue vê-lo desbloqueada de seus traumas, percebe que era feliz e não sabia. A partir daquele ponto, ela consegue separar a imagem do marido de todos os outros homens de sua vida que a abandonaram e geraram tanto sofrimento.

Falando nisso, existe uma pergunta que não posso deixar de fazer: você vê seu cônjuge de fato como ele realmente é? Ou o tem visto de forma distorcida, com base nos seus traumas? Observe como, no início da sessão, as coisas estavam distorcidas e misturadas com os traumas do passado. Após o reprocessamento, a paciente viu o marido de uma forma totalmente diferente. Se estamos mergulhados no nosso trauma, ficamos cegos e, ainda pior, distorcemos as coisas que vemos.

Reescrever nossa história, eis a questão. Qual é a minha verdade? Se assumi um papel de vítima, eu posso mudar meu papel. Preciso descobrir qual é o NÓ da minha vida, qual a "profecia" que criei para mim. Alguns não conseguirão descobrir porque o cérebro está muito ferido. Estes precisarão ser tratados com ajuda de profissionais que facilitarão o processo. Aqueles que conseguirem descobrir sozinhos, já tiveram um bom começo. Quem sabe, no próximo capítulo, você encontra uma luz.

Que Ele nos ajude a não deixar a lâmpada escondida [...]
pois o que foi feito para iluminar, que ilumine.
Que a luz venha em forma de verdade sobre nós mesmos
e que a nossa fraqueza já não nos surpreenda
é o que de melhor temos a oferecer.

Ziza Fernandes

CAPÍTULO 3

"Os olhos são as janelas da alma"

Costumo dizer, em minhas palestras, que é através do brilho dos olhos que podemos observar se nossa dimensão mais profunda está acordada ou adormecida, aberta ou fechada. Quando estamos com essa janela aberta, a vida passa a ser mais fácil e tranquila. Acabamos criando forças para enfrentar os problemas.

Num dia, eu estava no Hospital Erasto Gaertner, em Curitiba, para falar com um médico. Aguardando na sala de espera, podia visualizar a fila de acompanhamento e pesagem das pessoas que faziam tratamento de quimioterapia. Caso você não saiba, este hospital é especializado em tratamento do câncer.

Como não tinha nada para fazer, e o médico estava demorando um bocado, passei a analisar os olhos daqueles pacientes que estavam na fila. Dois deles me chamaram a atenção, justamente pelos contrastes. Ambos estavam passando pelo mesmo terrível problema, mas um deles, um senhor de bigode cerrado, muito simpático, ao subir na balança comemorou muito porque havia engordado meio quilo. Seus olhos demonstravam toda a sua paz de espírito, toda aquela essência de luz irradiava deles.

Já uma senhora, que ainda tinha um físico aparentemente sadio, pois estava gordinha, tinha um dos olhares mais tristes e apagados daquela fila. Demonstrava, pelo olhar, toda a preocupação, tristeza e derrota que a doença pode trazer. Ao subir na balança, a enfermeira informou que, só naquela semana, ela havia perdido 6 quilos.

Concluí, a partir daquela cena, que quem está com sua alma aberta pode ajudar a si mesmo a vencer o câncer ou qualquer outro mal. Pode ajudar seu corpo a reagir.

É possível que você esteja se lembrando de algum amigo ou familiar que tenha sido vencido pelo câncer e que, também como aquele senhor, tinha muito brilho nos olhos, e mesmo assim veio a falecer. Digo a você que isto acontece mesmo, mas que as pessoas que morrem tendo esse brilho vivo, até no momento da morte, são diferentes. Morrem acalmando e dando forças aos que ficam. Morrem em paz.

Há tempos perdi uma amiga muito querida, Helena. Ela sofria de câncer e, mesmo com muitas dores, sempre estava com aquele brilho no olhar; sempre sorridente. Confesso que, certa vez, estava triste por conta de problemas e propositalmente fui visitá-la, porque sabia que sairia de lá diferente. Aquele sorriso no olhar fazia com que qualquer problema parecesse muito pequeno. Porém, ela veio a falecer.

A diferença é que a pessoa, quando exerce sua essência de amor e luz, transforma sua doença em um dom de ajudar outros por meio de sua dor. Afinal de contas, não é inspirador ver alguém, mesmo no leito de morte, com um olhar vivo, dando-nos esperanças para prosseguir? Foi isto que a morte da Helena representou para mim. Nós temos essa capacidade também, precisamos desenvolvê-la.

Uma voluntária que passou algumas noites com ela no hospital conta que lhe marcou muito o fato de Helena, mesmo debilitada com a doença, antes de dormir, pedir a ela que alcançasse o estojo de maquiagem para que ela passasse seus cremes. E, sorrindo, dizia: "Tenho que cuidar de minhas rugas, tenho que ficar bonita para meu marido"; então, até o final ela transmitiu beleza.

Desde o início de sua doença, já se percebia o amor que ia além. Lembro-me do dia em que os resultados dos exames haviam ficado prontos e ela os abriu e leu sozinha; em seguida, ligou-me pedindo que eu fosse junto com ela e o marido para o médico. Ela já sabia que o resultado era muito ruim, mas queria que eu estivesse junto para poder voltar dirigindo; ela estava preocupada com o marido, que iria dar-se conta de toda a situação.

E ali, diante do médico, ela permaneceu forte para dar força para o marido.

Dias antes de sua morte, ela partilhou comigo uma experiência muito profunda que teve de oração e disse que, logo em seguida, todas as dores que ela estava sentindo cessaram, e que ela estava há alguns dias sem dor. Então, disse: "Adriana, se essa é aquela melhora antes da morte, já valeu a pena; tudo valeu a pena".

No dia de sua morte, os médicos pela manhã comunicaram aos familiares que provavelmente ela não suportaria mais um dia. Muitos amigos foram ao hospital vê-la; quando entrei no quarto, ouvi um dos filhos dela tocando violão para ela, com músicas religiosas, suavemente. Ela pediu que sempre houvesse alguém segurando sua mão naquele dia.

Enquanto ainda tinha forças, a cada um que chegava, ela abria os olhos com aquele brilho e cumprimentava como se fosse a primeira vez: "Oi, você por aqui!". Num dado momento, pediu ao marido que se sentasse na cadeira a seu lado, segurou as mãos dele e disse: "Me perdoe pelo que vou fazer com você hoje, vou te deixar". Esse foi o único engano de Helena: ela não deixou ninguém, o amor dela permanece entre os que ela amou.

"Luce"

Não poderia deixar de falar de Chiara Luce,[1] uma jovem que vivia no norte da Itália, na cidade de Sassello. Era cheia de vida, bonita, mergulhava, praticava esportes. Sonhava em ser pediatra e ir para a África. Queria também ser comissária de bordo e fazer grandes viagens.

Aos dezessete anos, começou a sentir fortes dores na coluna e recebeu o diagnóstico de osteossarcoma de grau 4, um câncer muito grave. "Não vou mais poder correr, não vou mais poder caminhar nem praticar esportes, acompanhar amigos, jogar tênis, ver montanhas e mares... Mãe, é justo morrer aos dezessete anos?"

A mãe conta:

> Naquele dia, eu a vi caminhando muito lentamente em direção a casa. Quando chegou à porta, perguntei-lhe: "Chiara, o que aconteceu?". Estava abatida e, sem olhar para mim, respondeu: "Não fale agora". E repetiu: "Não fale agora", jogando-se na cama do jeito que estava. Eu queria dizer-lhe muitas coisas: você vai ver... você é jovem... mas precisava respeitá-la. Pela expressão no seu rosto, via a luta que travava no seu íntimo. Depois de 25 minutos, ela olhou para mim com o mesmo sorriso de sempre: radiante, um olhar luminoso. E disse: "Mãe, agora pode falar".

[1] História adaptada de Badano (2010).

Aquele sorriso e aquele olhar permaneceram até sua morte, aos dezoito anos. Seu pai certa vez disse:

> Pensávamos que sorria só para nos tranquilizar. Comecei a espiar pelo buraco da fechadura para ver o que acontecia quando ela estava sozinha e percebi que era sempre assim.

Os médicos se surpreenderam com a serenidade interior com a qual ela enfrentava a doença, mesmo sofrendo muitas dores. A certa altura, Chiara não quis mais que lhe ministrassem morfina, porque queria ficar totalmente lúcida.

Chiara viveu aquele tempo, eu diria, de uma forma sobrenatural. Antes de uma de suas cirurgias, teve muito medo porque não tinha entendido muito bem do que se tratava, embora fosse algo simples, com anestesia local.

> Eu estava assustada. [...] Quando os médicos começaram a fazer essa pequena operação, que me incomodava um pouco, chegou uma pessoa, uma senhora com um sorriso muito luminoso, belíssima, que se aproximou de mim, pegou a minha mão e me deu coragem. Num certo momento, assim como ela chegou, desapareceu. Não a vi mais, mas fui tomada por uma alegria imensa e o medo sumiu. Parecia um anjo. [...] Foi um momento de Deus muito profundo.

Com o tempo a lesão fez com que perdesse o uso das pernas: "Desde que perdi os movimentos das pernas, minha vida mudou muito. Jesus me tirou as pernas, mas me deu asas".

No Dia dos Namorados, Chiara disse à mãe: "Você tem que ir ao cabeleireiro". A mãe respondeu: "Não! Eu não vou ao cabeleireiro!". A filha disse: "Você não quer ir porque as pessoas da cidade dirão que sua filha está morrendo e você ainda tem coragem de ir ao cabeleireiro. Mas você vai, porque nesta noite você deve festejar com o papai".

À noite, quando os pais estavam saindo, disse: "Esqueçam-se de mim, olhem-se nos olhos e digam um para o outro: eu te amo".

A mãe, até então, nunca tinha chorado por conta da doença da filha. E, naquela noite, com o marido, chorou. Ele disse: "Mas agora você vai começar a chorar?". A mãe respondeu: "Sim, porque a Chiara quer que nos acostumemos a caminhar sozinhos".

A doença progredia rapidamente, estava com metástases múltiplas e os médicos decidiram propor aos pais e a Chiara a suspensão do tratamento. Naquele dia, ela escreveu para Chiara Lubich (fundadora do movimento dos Focolares, do qual Chiara Luce participava desde seus nove anos): "Suspendi o ciclo de quimioterapia. Nenhum resultado, nenhuma melhora. A medicina depôs as armas...".

Seu nome, até então, era somente Chiara Badano. Ela pediu a Chiara Lubich um nome novo, e ela respondeu: "Luce! (luz, em italiano). A luz de Deus que vence o mundo".

A menina percebia que iria morrer logo e se preparava para aquele momento. Escolheu as canções para que os jovens do movimento cantassem. "Gostaria que meu funeral fosse uma festa! Queria ser enterrada com um vestido branco, como uma esposa que vai ao encontro de Jesus. Também seria legal que tivesse um cinto cor-de-rosa." E disse para mãe: "Mãe, quando você me vestir, deve repetir: agora Chiara está vendo Jesus, com muita alegria e por três vezes". E assim a mãe fez.

Na última gravação que deixou para os jovens do movimento, disse:

> Entendi que se tivéssemos sempre aquela disposição interior de estarmos prontos a tudo, quantos sinais Deus poderia nos mandar. Compreendi também que muitas vezes Deus passa ao nosso lado e nós não percebemos. Agora, fico por aqui, mesmo tendo inúmeras coisas para lhes dizer. Até a próxima. Tchau a todos!.

A luz que Chiara tinha nos olhos se espalha até hoje. Ela impactou jovens e pessoas do mundo todo, médicos, enfermeiros.

Ela toca a minha vida! Falar ou escrever sobre ela mexe com as minhas entranhas. Não tem como sentir essa luz e permanecer igual. Essa luz vence tudo, mesmo na dor. É alegria mesmo naquilo que poderia ser tristeza.

A mãe de Chiara conta: "Chiara me fez um sinal com o dedo para que eu me aproximasse; cheguei perto e, com uma mão, bagunçou os meus cabelos. Depois, me disse: 'Mãe, tchau, seja feliz! Porque eu estou feliz!'. Esta foi sua última despedida [...]".

A alma precisa do corpo.
Se desprezamos o corpo, desprezamos a alma.

Dom Cipriano Chagas, osb

CAPÍTULO 4

Matrimônio: nossa alma faz amor

Temos falado, até aqui, da força do nosso *eu interior*, nosso *eu divino*. Vocês não fazem ideia da força que um casal tem quando há o encontro e a união dessas dimensões no casamento: corpo e alma. Assim como há o brilho nos olhos das pessoas capazes de transcender uma doença, uma guerra, também há brilho, há luz quando um casal se encontra um com a alma do outro.

Num dia em que estava palestrando para pais, estavam também presentes algumas crianças da catequese. Questionei os pais sobre qual o momento principal do sacramento do Matrimônio na Igreja Católica. Uns disseram que seria o momento da bênção das alianças; outros, o momento onde se jura amor, fidelidade na alegria e na tristeza; outros disseram que era o beijo. Até que uma das crianças discordou e disse: "É quando um homem ama a mulher e a mulher ama o homem e eles conseguem sentir Deus". Houve silêncio geral! Acho que nunca ouvi algo tão profundo a esse respeito. O menino estava certíssimo!

Toda a cerimônia do casamento é apenas uma preparação para a celebração que só acontecerá nas núpcias. Entre o casal e Deus. São os noivos os ministros do Matrimônio, não o sacerdote! Permitam-me falar um pouco disso no âmbito da religião cristã, pois é justamente aí que ouvi coisas lindas sobre a sexualidade.

João Mohana, médico e sacerdote, em seu livro *A vida sexual dos solteiros e casados*, afirma que é "teologicamente exato dizer que o ato sexual é ato divinizado" (2002, p. 187). Segundo ele, essa união é uma oração: "Quando se deitam para o amor, Deus começa a sorrir um sorriso de paz sobre eles... só há a absoluta comunhão dos corpos, a plena comunhão das almas...". Diz, também, que:

> se o marido soubesse que morreria durante a cópula, não precisaria forçosamente pensar em sair do leito para ir à igreja, em deixar de copular para rezar, porque a cópula legítima é um dos muitos modos do cristão orar, de louvar a Deus. Se de fato estivesse em estado de graça e morresse copulando, dormiria no leito e acordaria no céu (2002, p. 188).

Dom Cipriano Chagas, osb, em uma de suas palestras, falou que no ato conjugal há precioso e íntimo conhecimento do outro. Esse encontro, segundo ele, depende da capacidade de sentir a presença do espírito do outro. É o encontro das almas, momento em que se abençoam um ao outro.

O saudoso Padre Léo, nos retiros em que pregava para casais, dizia: "Nós, padres, para celebrarmos o sacramento da Eucaristia, usamos rendas no altar, flores, velas... Esposas, no momento do sacramento do Matrimônio, usem rendas para seus maridos, porque se trata de um momento sagrado".

É uma pena ver que o sagrado foi deixado de lado no ato sexual em muitos casamentos. Trata-se apenas de uma união de corpos. O grande mistério no qual "o casal se une e forma uma só carne" foi banalizado. O mistério só acontece quando, por meio do meu corpo, eu toco a alma do meu cônjuge.

Existem casais que permanecem casados por anos e não provam do amor genuíno, como diria aquele menino, "não conseguem sentir Deus". E sabe qual é o maior agravante nisso tudo? Pessoas que vivem com o espírito adormecido, com a alma atravancada, não conseguem adquirir intimidade, não conseguem sentir o outro, não conseguem ouvir o outro com amor, se distanciam.

Se o "mistério" não acontece, o sacramento também não. Dom Cipriano comenta que existem casais que realizaram a cerimônia do casamento, estão juntos há anos, mas até hoje o sacramento não aconteceu. Corpos se encontraram, não os espíritos. O sacramento depende desse belíssimo encontro entre o casal e Deus.

Só posso dizer que conheço o outro se conheço todo o seu corpo. No cristianismo, fala-se que o corpo é templo do Espírito Santo. Templo quer dizer "recorte do céu". Portanto, o corpo do meu cônjuge é recorte do céu, deve ser tocado, beijado e amado com a mesma reverência que tocaríamos um altar, ou algo que para nós fosse sagrado.

"Beija-me com o beijo da tua boca..." Assim começa o livro Cânticos dos Cânticos, do Antigo Testamento da Bíblia. Esse lindo poema quer comparar o amor de Deus pelo seu povo com o amor entre um homem e uma mulher. Sugiro aos casais que o leiam.

No livro *O amor tem mil faces*, Raimondo Scotto (2005, p. 76-77) diz:

> Se olharmos a Bíblia no seu todo, logo perceberemos que ela é toda entrelaçada de um diálogo conjugal, pelo qual Deus revela algo de si. O amor conjugal é o símbolo por excelência da revelação bíblica. [...] a relação sexual, quando expressão do verdadeiro amor conjugal, esconde em si um significado que a transcende, que vai além dos gestos dos corpos. Deus a enxerga como ponto de referência, porque não existe nenhuma outra relação na terra que consegue exprimir melhor a intimidade que ele deseja estabelecer com cada ser humano na Eternidade.

Santo Agostinho dizia que "quem não é espiritual até na carne, torna-se carnal até em seu espírito".

Padre Léo, em seu livro *Sede fecundos* (2006), diz que é possível chegar até Deus, chegar a experimentá-lo por meio da sexualidade. Ele observa que somente o ser humano é capaz de manter relações olhando nos olhos. Se, de fato, os olhos são as janelas da alma, nesse momento se verá brilho nos olhos.

Espero que, ao ler este livro, você esteja se analisando, procurando em suas atitudes ver se identifica-se com tudo o que lhe tenho dito aqui. Pode estar acontecendo de você pensar assim: "Eu sou uma pessoa direita, me relaciono bem com todo mundo, faço trabalhos na minha igreja, não tenho traumas, nem nada... só não sinto prazer 'naquela hora', faço por obrigação, ou nem faço, mas isso é o de menos".

Primeiramente, gostaria de acrescentar algumas palavras de Raimond Scotto (2005):

[...] não seríamos capazes nem mesmo de amar a Deus se não fôssemos pessoas sexuadas. O mandamento "Ama Deus com todo o teu coração...", ou seja, também com toda a tua afetividade, torna-se possível exatamente pela sexualidade. Assim, esta adquire um significado preciso também na relação com o Transcendente; por isso, podemos dizer que a sexualidade não é um tipo de comunicação que deve ser entendido apenas numa dimensão horizontal, mas também numa dimensão vertical, em direção ao Absoluto (p. 29).

O ser humano é uno, e se eu desprezo a sexualidade, que é parte daquilo que sou, não sou um ser completo. O meu todo é afetado, também minha espiritualidade, como disse o autor. Posso até entrar num ativismo, ajudando muitas pessoas, igrejas. Posso ter uma rotina de oração bastante extensa. Posso até me emocionar com palavras bonitas de um padre, pastor, palestrantes. Mas não tenho intimidade com Deus. Não o sinto em toda a sua plenitude, porque não estou pleno. As coisas de Deus podem até me ocupar bastante, dando uma sensação de estar cheio, mas estou cheio só de coisas, não dele.

Você pode pensar que não há problema nisso, principalmente as mulheres, mas acompanhe meu raciocínio: um homem decide amar a sua esposa e com todo o amor de sua alma ele se aproxima. Ele a deseja, sim, de corpo e alma. Mas, então, a mulher, bloqueada por traumas como abusos ou inúmeras situações negativas, tem uma alma que não vem para fora; o que o marido encontra? Uma parede. Esse marido, que se dirigiu a sua esposa com todo o seu amor, consegue sentir a frieza das mãos soltas ao lado do corpo, a indiferença do "isso é o de menos"; consegue imaginar como ele vai se sentir no seu interior?

Um [dos] problemas, que atinge até 60% das mulheres [...], é a aversão feminina ao ato sexual. Buscando-se as causas encontram-se, então, vivências pessoais anteriores de atos sexuais, violência sexual, estupro, uma experiência de ter assistido à relação dos pais e entendido o ato como fora ou contrário ao envolvimento amoroso

[...]. A experiência traumatizante do passado de uma mulher na área sexual é então condicionada pela paciente e permanece como registro totalmente desvinculado de um ato de amor. [...] A mulher pode até vir a desejar inconscientemente que seu marido busque outra mulher, uma vez que quer livrar-se do ato sexual. E assim, é frequente acontecer que a própria mulher lance seu marido para a infidelidade (MORAES, 2002, p. 437-438).

Este homem, que não conseguiu sentir-se homem em toda a plenitude para a qual foi criado, termina por decair. Afinal, de alguma forma, ele precisa se sentir homem, de um jeito ou de outro. Então, o que ocorre? Ele acorda de mau humor, destrata a esposa e, dependendo do caso, pode haver agressão física. Seus olhos se voltam para outras mulheres, buscando ser amado. Ele fica mais vulnerável à traição. Pode cair em depressão. Outra consequência comum é cair na cilada do alcoolismo.

A queixa de mulheres que têm dificuldades em sentir prazer sexual é muito comum na população. Durante um encontro no Centro Mariápolis Ginetta, em São Paulo (janeiro de 2011), palestrantes italianos discutiram várias formas de ajudar a resolver esse tipo de problema. No final do evento, a palestrante Maria Scotto (esposa do já citado autor Raimondo Scotto) terminou sua fala com o seguinte: "E se você já tentou tudo – médicos, psicólogos... – e nada adiantou, que ao menos lhe reste ir para o encontro conjugal com seu coração, e será lindo. Isso basta".

Se pensarmos o coração como metáfora da sede da alma, então também encontraremos ideia semelhante em Anselm Grün (2004, p. 17): "A filosofia entendeu que a alma é que integra tudo. A alma aglutina o corpo. Ela permeia o corpo e o anima. Inversamente, tudo que se mostra no corpo é expressão de nossa alma e volta a exercer um efeito nela".

Comentei, até aqui, sobre mulheres que rejeitam seus maridos, mas existem também homens que sofrem na área sexual, é claro. Citaremos um exemplo a seguir.

"Inconsciente espiritual dos filhos"

Tempos atrás, um casal chegou ao meu consultório com uma filha de apenas cinco anos de idade; ela estava com sintomas de depressão e masturbação compulsiva. Pediram também que eu preparasse a filha para a notícia da separação, pois os dois já estavam separados de corpos havia 6 meses. Neste caso, os pais estavam se separando porque o marido vinha apresentando problemas na área sexual desde a gravidez da esposa. Ele a rejeitava sexualmente e ela não suportava mais a situação. Já haviam feito terapia de casal e sexual, mas nada resolvia o problema. Para ambos, a separação era algo definido.

Pois bem, na segunda sessão com a menininha, ela me surpreendeu dizendo: "O papai vai sair de casa depois do Dia das Crianças". Fiquei furiosa com os pais;

como eles podiam ter contado antes de prepará-la? E, ainda, sem me avisar! Porém, os pais ficaram extremamente assustados, pois não tinham falado nada a ela, e tinham combinado a data da separação longe dela, numa noite em que ela dormia. Consegue perceber como funciona o inconsciente dos filhos? A alma daquela criança sentiu, sem a mente dela saber de nada.

E veja mais: pedi a ela que desenhasse no papel o que estava acontecendo. Como crianças nem sempre conseguem expressar por palavras o que estão sentindo, utilizamos diversos meios para elas exporem os problemas. Ela desenhou duas nuvens separadas e uma flor-

zinha no meio, chorando e morrendo. Nem é preciso muita explicação para isso, não é? A florzinha era ela. Então, ela desenhou um sol por trás de uma das nuvens.

Logo que vi o desenho das duas nuvens separadas, pensei: "Puxa, que dó desse casal, até no inconsciente da criança eles já estão separados!". Porém, ela me deu sua explicação: "Essa nuvem é o papai, o sol atrás dela é a mamãe, e a florzinha sou eu". Espere! Pai e mãe presentes e juntos no desenho, é claro que não pude deixar de perguntar quem era a outra nuvem, e de forma surpreendente ela respondeu: "A outra nuvem é você, que vai ajudar o papai e a mamãe a ficarem juntos". Quase rasguei meu diploma,

porque uma menininha de cinco aninhos estava entendendo mais de psicologia do que eu naquele momento!

Ela desenhou um raio vindo de mim até a outra nuvem e disse que eu deveria uni-los novamente. Chamei os pais, mostrei o desenho e perguntei o que faríamos. Aconselhei os pais a buscarem uma terapia mais profunda, nas linhas mais atuais, e na terapia descobriu-se que o pai havia sido abusado sexualmente na infância e sua frase negativa com relação ao sexo era: o sexo machuca. Portanto, quando a esposa engravidou, ele não conseguia ter relações sexuais com a esposa porque não queria machucar o bebê; inconscientemente, o sexo para ele doía, machucava. Em contrapartida, a esposa se masturbava durante a gravidez, o que justificava os sintomas de compulsão da menina.

Enfim, esse pai, com um tratamento profundo, conseguiu a cura e o casal finalmente conseguiu ficar junto. Encontrei novamente a menina, e ela agora se mostra totalmente diferente: olhar vivo, alegre, altivo. Não precisei tratar os sintomas de depressão que ela tinha antes, muito menos ainda sua compulsão.

Não pense você que é só esta criança que sentiu o que aconteceu com os pais. Todas sentem. Jung já falava desse inconsciente coletivo. Elas são capazes de sentir até quando um dos pais está traindo! Como vimos, a criança pode tomar diversos tipos de posicionamento ante a desunião dos pais.

Com isso, gostaria que ficasse claro que, quando há rejeição, desamor, traição, não é só o cônjuge que sofre, mas também os filhos. Aliás, é muito comum uma criança ir parar num consultório de psicologia por diversas razões (agressividade, depressão, rendimento escolar deficiente, distúrbios de alimentação...), mas, na maioria das vezes, ela está pedindo socorro. Não para ela, mas para a família, para o casal. Se, ao contrário, o amor pleno acontece, os filhos serão diretamente beneficiados, e isso será determinante para seu futuro:

[...] se os cônjuges se amam de fato, inclusive do ponto de vista físico, esse amor se manifestará inconscientemente na ternura do seu relacionamento diário e, para os filhos, continuará sendo sempre o ponto de referência da futura afetividade deles. Comenta A. Peluso: "O trabalho clínico me fez aprender com extrema clareza que duas pessoas saberão amar-se realmente quando carregam (*sic*) em si uma imagem positiva da relação conjugal dos próprios pais" (SCOTTO, 2005, p. 45).

Essa união de amor que envolve pai, mãe e filho, é a base principal da estruturação do ser humano: "Reforça [...] a importância fundamental do amor conjugal dos pais para que se formem pessoas psicológica e fisicamente sadias e de personalidade construtiva" (MORAES, 2002, p. 424). Essa união de pais e filhos se dá desde a fase intrauterina.

Há mais de mil anos, na China e na Índia, clínicas pré-natais foram fundadas para que as mães fossem ensinadas a fazer contato com a criança ainda antes do nascimento.

O Talmude (livro que explica as leis judaicas) menciona a consciência da criança em gestação. Da mesma forma, o Evangelho (Lucas 1,39-45), na cena do encontro entre Maria e Isabel, quando o bebê "pula" dentro do ventre.

Leonardo Da Vinci (que, além de pintor, como é mais conhecido, era também cientista, engenheiro, matemático, anatomista, escultor, botânico, poeta e músico, enfim, um gênio), há quatro séculos expressou sua crença de que os desejos da mãe têm impacto sobre a criança dentro do ventre, atingindo-a de várias formas, positivas ou não, podendo, inclusive, matá-la.

Certa vez, ministrando uma palestra, comentei sobre a capacidade da criança de sentir quando um dos pais trai: muitas vezes, a pessoa que está sendo traída nem imagina que isso possa estar acontecendo; no entanto, a criança sente. Algumas começam até a se distanciar da pessoa que trai, não querem ir no colo, batem, querendo mostrar que estão magoadas. Um dos pais presentes na palestra se identificou com a situação, pois sua filhinha de cinco aninhos rejeitava seus carinhos, seu colo, depois que ele traiu a esposa.

No final da palestra, pontuei que, da mesma forma que o filho sente uma traição, ele também é capaz de sentir quando há o arrependimento de tal ação. Propus para os presentes que, chegando em casa, quando os filhos estivessem dormindo, falassem com eles, expondo os sentimentos, pedindo perdão. No dia seguinte, aquele pai me ligou, emocionado! E me disse: "Eu fiz o que a senhora orientou, depois que cheguei da palestra à noite! Pela manhã, eu estava tomando meu café, sentado na cozinha, minha filhinha acordou e veio correndo para meu colo e me deu um abraço...".

Não são só os filhos que sentem os pais. Os pais também conseguem, de alguma forma, sentir que algo está errado com seus filhos, mesmo que estejam em outro país. Essa ligação que existe entre os membros de uma família é fantástica!

Tive uma experiência única, certa vez, quando estive palestrando no interior de São Paulo. Estava numa sala de aula com alunos entre nove e dez anos, falando sobre "filhos e pais". Para quebrar o gelo inicial, e conhecê-los um pouquinho, pedi que cada um me contasse seu sonho. Um queria ser jogador de futebol, outro queria ir para a Disney, outro queria ter um avião, até que uma menininha disse: "Eu queria conhecer meu pai" (sua mãe havia engravidado quando solteira). Fiquei paralisada, não sabia o que fazer... passaram-se alguns instantes; como era uma escola católica, propus que fizéssemos, todos juntos, uma oração pedindo que o sonho dela se realizasse. Ela fechou os olhinhos, juntou as mãozinhas e rezou, assim como os outros coleguinhas. Uma semana depois, ligaram-me contando que o pai havia procurado por ela. Não me peçam para explicar o que aconteceu. Há coisas neste mundo que não se entendem, apenas se sentem.

Viktor Frankl (fundador da logoterapia, e que lecionou em várias universidades, como Harvard, Stanford, Dallas e Pittsburgh) escreveu em seu livro *A presença ignorada de Deus*, a respeito do inconsciente:

> Ao delimitarmos o conceito de inconsciente, sentimos a necessidade de efetuarmos algo como uma revisão de limites: não se trata mais de um simples inconsciente íntimo, mas também de um inconsciente espiritual [...]. Desta forma, o conteúdo do inconsciente fica consideravelmente ampliado [...] (2006, p. 18).

Penso que o que aconteceu com a menininha se encaixaria perfeitamente em seu conceito de "inconsciente espiritual".

Enfim, a vivência da sexualidade pelo casal transcende o corpo, atinge os filhos e toca o divino; transcende o próprio sexo: é da ordem do amor.

Cada momento contém todo o universo.

Kohn

CAPÍTULO 5

Os mistérios do momento presente

Gostaria que você meditasse sobre seus sonhos para o restante de sua vida.

Gostaria, agora, que fizesse uma análise sobre isso. Qual foi o perfil dos seus sonhos? São todos lógicos e racionais? São tolos? São infantis? São monetários? São individualistas ou incluem pessoas, grupos ou mesmo a humanidade?

Abrindo um parêntese: quando ainda estava na faculdade, caiu em minha mão uma poesia numa folha xerocada (a internet ainda não existia). Essa poesia foi determinante na minha vida. Passaram-se os anos e perdi o papel, embora tivesse decorado muitas de suas linhas e, às vezes, as partilhasse com alguns pacientes. Há um ano, por "coincidência", um paciente estudava francês enquanto me aguardava na sala de espera e se deparou com a poesia no livro que estava em suas mãos! Cito agora grande parte dela:

Instantes[1]

Se eu pudesse novamente viver a vida... [...]
Não tentaria ser tão perfeito...
Relaxaria mais...
Teria menos pressa e menos medo.
Daria mais valor secundário às coisas secundárias.
Na verdade, bem menos coisas levaria a sério.
Seria muito mais alegre do que fui.
Só na alegria existe vida.
Seria mais espontâneo... correria mais riscos, viajaria mais.
Contemplaria mais entardeceres...
Subiria mais montanhas...
Nadaria mais rios...
Seria mais ousado... pois a ousadia move o mundo.
Iria a mais lugares onde nunca fui.
Tomaria mais sorvete e menos sopa...
Teria menos problemas reais... e nenhum imaginário.
Eu fui dessas pessoas que vivem preocupadamente
cada minuto de sua vida.
Claro que tive momentos de alegria...
Mas se eu pudesse voltar a viver, tentaria viver somente
bons momentos.
Nunca perca o agora.
Mesmo porque nada nos garante que estaremos vivos
amanhã de manhã.

---

[1] Apesar de atribuído ao autor argentino, Jorge Luis Borges, muitos pesquisadores da área da literatura discordam quanto à real autoria.

Eu era destes que não ia a lugar algum sem um termômetro...
Uma bolsa de água quente, um guarda-chuvas
  ou um paraquedas...
Se eu voltasse a viver... viajaria mais leve.
Não levaria comigo nada que fosse apenas um fardo.
Se eu voltasse a viver,
começaria a andar descalço no início da primavera e...
continuaria até o final do outono [...]
Viveria cada dia como se fosse um prêmio.
E como se fosse o último.
Daria mais voltas em minha rua, contemplaria mais amanheceres.
Brincaria mais do que brinquei.
[...] Tentaria uma coisa mais nova a cada dia.
Se tivesse outra vez a vida pela frente.
Mas como sabem...
Tenho 85 anos e sei que... estou morrendo.

Pois bem, aos dezoito anos, ao lê-la, jurei para mim mesma que a minha poesia aos 85 anos seria diferente! Citaria só as coisas que consegui fazer, e não as que gostaria de ter feito.

Dos sonhos que sonhei para mim, a maioria já realizei ou estou realizando. Acho até que preciso aumentar a minha lista, se não terminarei bem antes dos 85 anos! Mas me permiti sonhar até os sonhos mais tolos e infantis. Um dos meus sonhos, aos sete anos, era nadar com um golfinho, e até este já realizei. Aprendi com isso que Deus tem prazer em realizar nossos sonhos! Este, por exemplo, aconteceu num momento difícil de minha vida; então, quando me vi na piscina com os golfinhos, se eu pudesse ouvir Deus (acho até que ouvi...), ele diria: "Está vendo, sua boba? Se eu a escutei aos sete anos assistindo ao golfinho Flipper na TV, você acha que não a estou ouvindo agora?".

O problema acontece quando enterramos quem éramos na infância... Matamos nossa criança interior e nos tornamos adultos demais. Penso que até sonhos que tínhamos quando crianças já nos orientavam sobre quem seríamos no futuro.

Desde pequena eu me imaginava trabalhando de salto alto, falando em público. No quintal de casa, deitada na grama, via os aviões passando e sabia que um dia viajaria neles porque alguém me convidaria para ir a algum lugar falar para pessoas.

Mas o que tudo isso tem a ver com a cura de emoções? Acontece que nossos traumas, nossas feridas, podem bloquear, enterrar essa criança interior que está dentro do nosso eu mais profundo. Se isso acontece, perdemos a conexão com o nosso eu mais divino, mais puro, saudável, extremamente sábio e essencialmente livre! E penso que só essa criança interior consegue ouvir a Deus...

Um retrato pouco animador do mundo de hoje

Creio que você já deve ter ouvido falar da grande empresa de pesquisas Gallup, uma organização reconhecida em nível mundial. Um de seus ex-consultores seniores, palestrante e autor de diversos *best-sellers*, Marcus Buckingham, fez a seguinte constatação em uma palestra:[2] "A visão do mundo está cada vez mais negativa". E, infelizmente, temos que concordar com ele.

Hoje em dia, há cerca de quarenta mil estudos sobre a depressão, seus males e sintomas. Contrastando com essa realidade, sabe quantos estudos sobre alegria? Apenas quatrocentos estudos. Uma pesquisa sobre alegria para cada cem sobre depressão. É preciso mudar a visão do mundo, pois geralmente se parte do negativismo. Quando se faz um estudo sobre os problemas entre casais, não se costumam pesquisar casais que se dão bem, e sim casais problemáticos. Porém, seria de melhor proveito estudar os bem casados, pois haveria a possibilidade de revelar os "segredos" deles aos demais.

Existem quatro virtudes que os tempos atuais destruíram: a verdade, a beleza, a bondade e a unidade. Vamos explorar um pouco cada uma delas.

Quando pensamos sobre a verdade, percebemos como é difícil, nos dias atuais, encontrarmos pessoas de caráter. O caráter é fundamental num líder. Uma das definições de caráter de que mais gosto é: "Caráter é aquilo que você é no escuro" (frase do pastor e editor americano Dwight Moody), é aquilo que você é quando as másca-

---

[2] Este exemplo, assim como outros neste capítulo, foi adaptado de palestras proferidas durante o The Global Leadership Summit – 2008.

ras não estão sendo usadas. É fácil passar-se por quem você não é. É fácil sorrir e fingir que está tudo bem. Mas, quando as pessoas vão embora, o que lhe resta? Isso não somente em relação a sentimentos, mas também em relação à justiça; quem você é por baixo dos panos, perante as leis vigentes no país? Um líder de caráter mantém sua índole intocável. Um pai de caráter também.

A beleza é uma das virtudes que podemos considerar a mais perceptível a olho nu. Nossas cidades estão cada dia mais degradadas: pichações, vandalismo rondam as grandes e pequenas cidades. Pense naqueles pontos turísticos que estão sempre em boa conservação, pois são os chamarizes das cidades (Cristo Redentor, no Rio de Janeiro, a estátua de Padre Cícero, em Juazeiro do Norte, Ceará, a estufa do Jardim Botânico, em Curitiba, Paraná etc.). Caso você more perto de um ponto turístico "menor", no qual a prefeitura mande refazer a pintura, poderá observar como o local fica com cara de novo, mas também que todo o trabalho ali realizado não durará um dia sequer, pois, no dia seguinte, já haverá sofrido pichação. E, mais triste do que isso, a beleza deixará de encantar a população. Experimente ir ao centro da cidade, sentar-se num dos banquinhos das principais ruas e observar as pessoas que passam. Não é preciso muito para perceber o quanto as pessoas têm perdido o gosto de se encantar com a beleza de suas próprias cidades.

A virtude da bondade é, de longe, uma das mais tristes perdas dos nossos tempos. Pessoas podem ser vistas agonizando no meio da rua, que ninguém tem a bondade de parar para oferecer ajuda. Quase não existe mais reciprocidade. Na cidade onde moro, Curitiba, as pessoas são conhecidas por não falarem muito, são tidas como antipáticas, portanto, já faz parte de sua cultura serem mais fechadas. Entretanto, hoje em dia isso não ocorre somente entre os curitibanos; a violência e os males deste mundo têm distanciado as pessoas umas das outras e substituído o espírito de bondade por um espírito de desconfiança.

Consequentemente, após perder a bondade, temos perdido a unidade. Não é difícil encontrar pessoas que morem em prédios e não saibam os nomes de seus vizinhos de corredor. Um pensador disse, sobre a ruptura da alma nos últimos tempos, que estamos dissociando a nossa alma do nosso ser psíquico e do nosso corpo. Nosso ser psicológico tem se entretido com as futilidades que a televisão ou internet oferecem; o corpo satisfaz-se com compras em grandes shoppings ou com bebedeiras com os amigos. Já nossa alma tem sido esquecida, tem sofrido com o sentimento do abandono, fazendo com que a pessoa se sinta cada vez mais sozinha. Com isso, surge a acomodação, fazendo com que aceitemos as condições de vida da humanidade sem nos preocuparmos em reivindicar mudanças; então, passamos a olhar os massacres que a televisão transmite em nível mundial e não nos chocamos mais. Notícias de guerras e mortandades tornam-se corriqueiras e nossa alma se torna fria.

O fatalismo cínico tem impregnado o mundo hoje em dia. Se ocorre a morte trágica de alguém da mídia, por exemplo, no dia seguinte o que acontece? Inúmeras piadas de extremo mau gosto surgem a torto e a direito. Num dia choca, no seguinte já não faz diferença. Com a internet, essa condição tem se alastrado de forma incrivelmente rápida. A dor tem sido camuflada na sociedade, nossa alma tem morrido dia após dia, as pessoas estão cada vez mais insensíveis.

Talvez, devido à impregnação desses sentimentos em nossa mente, você esteja com a impressão de que estou fazendo uma tempestade em copo d'água. Porém, convido você a fazer um teste e identificar se tem sido mais negativo ou mais positivo. Digamos que seu filho esteja em semana de provas e ele chegue com o boletim para lhe apresentar: inglês – nota 10; matemática – nota 0. Para qual nota você dá mais atenção? Para o zero, afinal, ele precisa melhorar ou correrá o risco de reprovar. Porém, você perdeu a chance de olhar para o dez que ele tirou em inglês. Você tem ideia de quanto ganha, por hora, um profissional na área de tradução? Nós precisamos potencializar esse dez, potencializar as coisas positivas. Fazendo isso, nós encorajamos esse jovem a prosseguir, criamos nele o sentimento de poder fazer, de poder crescer. Crer nele gera a autoconfiança de que precisa para reverter aquele zero. Não é com o negativo que temos de nos preocupar, e sim com o positivo. Precisamos investir no positivo. Dessa forma, automaticamente se vai revertendo o negativo.

Qual é seu ponto forte?

Que percentual do seu dia você gasta trabalhando seu ponto forte? Esta foi uma questão levantada pelo Instituto Gallup de Pesquisas em 2005, e o resultado foi 17% do dia; em 2006, caiu para 14% e, em 2007, para 12%. A conclusão apresentada pela pesquisa foi a de que os líderes não estão enxergando o melhor de cada pessoa. Os líderes têm parte dessa culpa, pois não estão dando oportunidade a seus liderados de potencializar e colocar em prática os seus dons.

Uma grande líder que contribuiu comigo para que eu me tornasse quem eu sou hoje foi minha professora da 5ª série, irmã Olinda Bonácio. Certa vez, ela nos aplicou um trabalho em que deveríamos fazer uma apresentação para a turma com o tema do Natal. Naquela época, eu não fazia ideia do que eram a psicologia e suas técnicas de relaxamento e visualização. Mas fiz exatamente isso: levei minha turma a relaxar em suas cadeiras e a visualizar a cena do nascimento de Jesus. Irmã Olinda percebeu esse dom que eu possuía e o potencializou, fazendo com que apresentasse o trabalho para as demais turmas. Assim, ela despertou em mim dois potenciais: o de professora, que acabei tornando-me nos tempos de faculdade, e o de psicóloga. Mas pergunto: e você? Já descobriu o seu potencial? Qual seu ponto forte? Quero desafiá-lo a pensar nisso agora. Em que você se sente eficaz? Nasceu para fazer o quê?

Quando nascemos para um determinado propósito, para fazer algo que nos satisfaz e nos realiza, e não o estamos desenvolvendo, acabamos nos frustrando. Como identificar se estamos no lugar correto? Coloco-me agora como exemplo: tenho palestrado em diversos lugares, mas todas as vezes em que vou palestrar sinto aquele frio na barriga, aquela ansiedade gostosa. Após terminar a palestra, por mais cansada e esgotada que esteja, sempre tenho aquela sensação de missão cumprida, que é extremamente gratificante.

No seu local de trabalho, ou no local onde você exerce liderança, você tem sentido isso, esse sentimento de realização pessoal? Pense profundamente nisso, pois, se sente que está no lugar errado, sente que não nasceu para fazer o que tem feito, reavalie seus conceitos. Repense seu potencial, analise suas possibilidades e, caso esteja insatisfeito, não hesite em procurar o seu devido lugar. Não hesite em começar a procurar um novo emprego. O sentimento de frustração criado por não estarmos realizando aquilo para o qual nascemos, pode, aos poucos, consumir nossa alma e gerar em nós todo tipo de sentimento depreciativo.

Viver para trabalhar ou trabalhar para viver?

Estresse, Síndrome do Pânico, TEPT (Transtorno de Estresse Pós-Traumático), TOC (Transtorno Obsessivo-Compulsivo); doenças do mundo dito globalizado.

São as conhecidas "doenças da moda". Não é difícil ouvir sobre essas doenças hoje em dia; não é difícil ouvir um vizinho, um amigo, um parente, um conhecido dizer ter enfrentado qualquer uma dessas doenças. Tornou-se algo comum nos depararmos com os males desses tempos. Nosso organismo não acompanhou a evolução da correria do nosso dia a dia.

Você não acredita? Repare em como tudo, de uns tempos para cá, acelerou. Os comerciais de televisão tinham um milésimo de segundo entre um e outro, durante o qual aparecia uma tela preta; hoje, esse método foi extinto, e os comerciais são sequenciais, sem pausas. O tempo entre o abrir e fechar dos sinais verdes e vermelhos dos semáforos diminuiu; em algumas localidades, o semáforo tem o sistema de "contagem regressiva", com 5 a 6 lanternas que se vão acendendo ou apagando, fazendo com que o motorista se prepare para acelerar seu carro no momento certo, sem perder tempo com alguma distração.

Vivemos, hoje, dependentes do relógio, seja para cumprir o horário de um compromisso ou para comprar pão na esquina. Temos vivido dias de muita correria; o mundo tem exigido mais de nosso tempo, os dias passam mais rapidamente. Claro que não temos total culpa disso, pois a modernidade acelerou nossa vida, e em grande parte para melhor – a internet é um bom exemplo disso. Entretanto, nós nos acostumamos a toda essa velocidade e acabamos instintivamente vivendo isso de forma constante, independentemente da ocasião. Um exemplo banal, mas que ilustra o que quero colocar aqui: aqueles cinco minutos na frente do micro-ondas para cozinhar seu macarrão "instantâneo" não parecem levar uma eternidade?

Enfim, tudo se acelerou com a tecnologia destes últimos anos. Em um século e meio, passamos da carroça para o trem bala. O problema é que o nosso corpo é o mesmo de um século atrás. Talvez, com o passar dos anos, nosso cérebro vá se adaptando de forma natural a tudo isso. Mas parece impossível que essa adaptação ocorra em apenas um século. Portanto, estamos exigindo do nosso organismo mais do que ele pode dar, e isso é a raiz da doença mais comum, o ESTRESSE. Esse corre--corre gasta o "combustível do nosso tanque"!

Poderia dar, aqui, nomes técnicos dos neurotransmissores do cérebro que são usados para manter nossa "locomotiva" em alta velocidade, mas vamos apenas figurativamente compará-los com combustível.

Gastamos muito combustível todos os dias. A questão é: o que fazemos para encher nosso tanque novamente? Aquela poesia "Instantes" dá várias dicas, mas cada pessoa é diferente. É preciso descobrir qual seu tipo de combustível.

De qualquer forma, o que enche nosso tanque é aquilo que nos dá prazer, seja meditar diante da natureza, berrar numa montanha-russa, olhar uma cachoeira ou fazer rapel. Estas coisas produzem no nosso cérebro um combustível necessário para uma boa qualidade de vida.

Mas, se não sabe o que lhe dá prazer, o que enche o seu tanque, é porque você se perdeu nessa máquina do mundo. É um parafuso rodando "espanado". Sua essência se perdeu, adormeceu. Então, repito a pergunta: quem é você? Se sua resposta for "sou a doutora tal... sou o dono da empresa tal... sou professora de tal escola... sou prefeito de tal cidade...", e a resposta parar por aí, é muito provável que em breve esteja fazendo parte de estatísticas como as de uma pesquisa realizada com executivos de nove estados americanos, que mostrou que: 95% deles não veem os filhos crescerem; 89% têm insônia; 89% são frustrados com a vida; 91% tomam calmantes para poder dormir; 97% temem perder o emprego; 85% não tiram férias há anos, e só 10% se dizem bem casados. Certa vez, alguém disse que nas lápides de executivos assim deveria ser escrito: "Aqui jaz um imbecil".

Um executivo de sucesso, dando-se conta de que estava muito cansado, saiu no meio do trabalho e passou na escola do filho para pegá-lo. O filho, assustado, pensando ter acontecido algo sério, perguntou o que o pai estava fazendo ali, ao que ele respondeu: "Vim aqui raptar você para matarmos aula juntos". Passaram em casa, pegaram shorts, bola e foram para a praia. Numa palestra, esse executivo disse ter feito isso para ensinar o filho a não ser como ele. Trabalhar, trabalhar e trabalhar não é o sentido da vida. O que de fato importa nesta vida?

Seu Chiquinho

Passei alguns anos estudando numa das grandes capitais do país. Próximo do prédio onde me hospedava, mais precisamente na esquina do meu prédio, morava um senhor que conhecia como "Seu Chiquinho". Quando digo que ele morava na esquina, eu falo isso literalmente. Ele encostava seu carrinho (ele era "carrinheiro", catador de papel), puxava uma lona preta, colocava um colchãozinho no chão e dormia ali mesmo. Seu Chiquinho tinha cerca de cinquenta anos e vivia na rua desde os sete; havia fugido de casa, cansado das sessões de espancamento que sofria do pai, que levava mulheres para dentro de casa. Chiquinho contava para a mãe, que, por sua vez, acusava o pai de traição e este, por consequência, se irava e descontava no, então menino, Chiquinho. Aquele senhor me intrigava, porque, mesmo sendo morador de rua, estava sempre muito bem-arrumado. No local onde vendia os papéis que juntava para reciclagem, ele tomava banho. Seu carrinho era um capricho só, a "tenda" que ele criava todas as noites para abrigar-se do frio e da chuva era milimetricamente benfeita.

Numa noite, o céu desabava... chovia muito! Eu olhava a casinha do Seu Chiquinho pela janela e imaginava que ele deveria estar encharcado. Fiquei sem saber o que fazer, porque eu era apenas uma hóspede naquele prédio. Mas não me aguentei... peguei um guarda-chuva e fui até ele. Chamei-o por 3 vezes: "Seu Chiquinho, vou abrir a garagem do prédio para o senhor dormir lá esta noite, depois eu explico para os donos".

Aí ele abriu uma frestinha de sua casinha... A cena era ele deitado no seu colchão ouvindo música com seu fone de ouvido. Por isso ele não me ouvia chamar. Estava calmo e relaxado. "Não precisa, não, dona! Aqui não entra água de jeito nenhum. Já estou acostumado com isso!"

Na manhã seguinte, depois da chuva, ele secou e dobrou sua lona. Então, sentou-se no meio-fio para ler o jornal, como fazia todos os dias. Cumprimentava quem ele conhecia sempre com um sorriso: "Bom-dia, doutora!". E saía para trabalhar. A paz, a tranquilidade que ele demonstrava é difícil de encontrar nos dias de hoje. Um homem que não tinha nada e parecia ter tudo.

Certa vez, ele percebeu que eu estava triste e me perguntou o que eu tinha. Expliquei que meu namorado, na época, havia brigado comigo. Então, Seu Chiquinho disse: "Se eu morasse em Curitiba, ia ter uma conversa com ele!".

Só o vi triste uma vez. Ele quebrou a perna e, por estar engessado, uma pessoa se aproveitou e roubou o seu carrinho. Não podia trabalhar e não tinha mais a sua casinha. Mas ele, mesmo triste, disse: "Deus não deixou que me faltasse comida nem um dia, dona!".

As pessoas para quem ele sempre sorrira nas manhãs estavam agora o ajudando. Fizeram uma coleta, compraram outro carrinho e providenciaram até a primeira carteira de identidade de Seu Chiquinho. Mesmo tendo perdido tudo, ele ainda tinha a Deus.

"É isso que Deus me deu para eu ser feliz"

Estávamos reunidos com um grupo de casais amigos, conversando sobre essa onda de consumismo em que nos encontramos, sobre as muitas horas do dia que temos que trabalhar e que nos faz deixar de lado tantas coisas. Falei que o celular que estava usando na época havia custado R$ 2,00 naquelas promoções de operadoras. Ele me servia, e eu o carregava uma vez a cada semana, mas estava sentindo vergonha de atendê-lo na frente das pessoas. Então, nosso amigo Dorli disse que, naquela semana, ele e a esposa haviam comprado a primeira centrífuga (algo que considero essencial para quem tem duas crianças pequenas morando numa cidade como Curitiba). "Pensando bem, comprei a centrífuga de tanto a minha sogra insistir, porque a gente se virava sem a máquina", disse ele.

Então, alguém mais falou: "A gente chega cansado de tanto trabalhar, ainda tem a parte chata de fazer a lição com os filhos, dar comida, banho, escovar os dentes, e mal sobra tempo para brincar com eles".

Ouvindo isso, Dorli disse: "Mas, gente! Eu preciso entender que é isso que Deus me deu para eu ser feliz!". Com isso, todos nós calamos nossas bocas.

O Seu Chiquinho era feliz com o que tinha. Talvez nós já tenhamos tudo: casa, comida, filhos saudáveis e um amor fiel. Penso que a grande arte de ser feliz esteja em viver plenamente cada momento da nossa vida.

Uma mulher perdeu seu filho de dois anos que contraiu meningite. A morte se deu poucos dias após o diagnóstico. Ela era bastante religiosa e disse para o filho que ele iria fechar os olhinhos e acordar num lugar bem lindo e veria Nossa Senhora, que iria cuidar dele até o dia em que ela chegasse naquele lugar também.

Um tempo depois de o menino falecer, aquela mãe escreveu para uma revista do movimento de que participava na Itália, dizendo que aquele filho viera ensiná-la a viver plenamente o momento presente. "Quantas vezes estava lavando a louça ou fazendo outros afazeres da casa e ele dizia: 'Mamãe, venha brincar!'. E eu respondia: 'Depois, filho!'. Se eu pudesse voltar atrás, não diria aquele depois."

Viver plenamente a vontade de Deus no momento presente

Sempre que me lembro dessas palavras, vem-me à mente um episódio de minha vida. Um dia, estava atendendo em meu consultório e minha agenda estava lotada; alguns pacientes atrasaram e fiquei com apenas 10 minutos de intervalo entre um paciente e outro na hora do meu almoço.

Naquele dia, comi apenas um lanche para aproveitar aqueles 10 minutos e arejar a mente. Bem em frente ao consultório, existia uma pracinha com dois bancos, um de frente para o outro, e árvores. Desci para aproveitar aquele local gostoso e relaxar um pouco. Aquele dia havia sido particularmente bem puxado, e eu estava bastante cansada. Porém, ao chegar à praça, logo percebi uma mulher descalça, suja, maltrapilha e descabelada, deitada num banco, dormindo. Embaraçosamente, o primeiro pensamento que me surgiu foi o de ficar ao lado das árvores e evitar me sentar em frente àquela mulher de aparência indescritível. Entretanto, parei e pensei sobre qual seria a vontade de Deus naquele momento. Então, sentei-me no banco e fiquei ali, mesmo sentindo o mau cheiro que ela exalava. Comecei então a "ralhar" com Deus: "Então, Deus?! Você quer que eu fique aqui? Eu fico! Mas não posso fazer nada por ela... ela está dormindo! Você quer que eu reze por ela? Está bem!". Comecei a rezar e, enquanto fazia isso, fui observando os detalhes das rachaduras de seus pés, da roupa que parecia mais um saco sujo, rasgado, do cabelo malcheiroso e emaranhado... E, ao invés de continuar rezando por ela, comecei a agradecer por tudo o que eu tinha...

Ao acabarem aqueles minutinhos, levantei-me para voltar ao trabalho e a mulher abriu os olhos lentamente; e, sem falar qualquer palavra, dirigiu-me um sorriso enorme, com os dentes todos podres, porém um dos sorrisos mais belos que já recebi. Foi como se ela me agradecesse por fazê-la se sentir digna de ter alguém a seu lado. Então, entendi que não era vontade de Deus que eu estivesse na vida dela naquele momento, mas, sim, que ela estivesse na minha vida naqueles 10 minutos. Ela veio para mim! Nunca mais vi aquela mulher nos arredores do consultório, porém, tenho aquele sorriso guardado na memória até hoje. Às vezes, penso se aquela mulher era realmente de carne e osso.

Aprendi com ela que, se vivo o momento presente como se fosse único, encontro Deus.

No teu dia, meu Deus,
caminharei em tua direção...
e com o meu sonho mais desvairado:
levar para ti o mundo em meus braços.

Jaques Leclercq – citado por Chiara Lubich

CAPÍTULO 6

O mundo precisa de mim, precisa que eu me cure

Em muitos momentos deste livro, falamos das nossas dores mais profundas e do quanto precisamos curá-las para podermos ter uma vida mais plenamente vivida. Talvez, até este capítulo, tenhamos sido egoístas e pensado só em nós.

Isso não está de todo errado, porque, quanto mais curados estivermos, melhor estaremos para o mundo!

Com isso, não estou dizendo que precisamos estar prontos para ajudar o mundo (até porque não sei se um dia estaremos totalmente prontos). Na verdade, aprendi com a vida de Chiara Lubich que, quando eu estiver mal, no fundo do poço, posso sair dali para amar! Então, como consequência, saio da minha dor.

Com ela foi assim: estava-se em plena Segunda Guerra Mundial, em Trento, Itália. Sua cidade havia sido fortemente bombardeada. Seus pais e ela fugiram para as montanhas com algumas mochilas, a fim de escaparem da morte. Aquela noite foi de "estrelas e lágrimas". Ela passou a noite acordada pensando nas pessoas que haviam ficado em Trento sem poder escapar, grávidas, doentes, feridos. Então, tomou a decisão de, na manhã seguinte, deixar seus pais e ficar em Trento.

Ao amanhecer, desceram da montanha e voltaram a casa para apanhar alguns pertences. Então, Chiara falou aos pais sobre sua decisão. O pai entendeu, a mãe, não. Chiara, mesmo sofrendo muito, tirou a mochila das costas, a pôs nas costas da mãe e se despediu, sabendo que talvez nunca mais os veria. Aquela talvez tenha sido a dor mais profunda que sentira na vida até aquele momento. Virou-se de costas para os pais e saiu.

No caminho, uma pessoa se jogou no chão a seus pés e gritou em desespero: "Perdi quatro dos meus". Naquele momento, Chiara viu que a dor que ela sentia era pequena, se comparada à dor da humanidade.

Em Trento, ela encontrou amigas que haviam sobrevivido aos ataques. E, no meio do caos, elas encontraram um sentido... Vejamos um pouco da história. Era o ano de 1943. Trento sofria um grande bombardeio. Ruínas, escombros, mortos... Chiara e suas companheiras não tinham conseguido ir para o abrigo antiaéreo e se refugiaram num porão.

Com as minhas novas companheiras encontrei-me [...] num porão escuro de vela acesa e o Evangelho na mão.

Abri-o, e lá estava a oração de Jesus antes de morrer: "Pai [...] que todos sejam um" (João 17,11-21). [...] Aquelas palavras pareciam iluminar-se uma a uma e nos punham no coração a certeza de ter nascido para aquela página do Evangelho [...]. Os bombardeios continuavam e com eles desapareciam aquelas coisas ou pessoas que constituíam o ideal de nossos jovens corações. Uma amava a casa: a casa foi destruída. Outra se preparava para casar: o noivo não voltou mais da frente de batalha. O meu ideal era o estudo: a guerra me impediu de frequentar a universidade. Cada acontecimento nos tocava profundamente. Era clara a lição que Deus nos oferecia com as circunstâncias: tudo é vaidade das vaidades. Tudo passa (LUBICH, 2003, p. 42).

Chiara, então, se perguntava se existiria um ideal que não morresse, que nenhuma bomba pudesse destruir. A resposta que encontrou: Deus. "Deus, que em meio à guerra, fruto do ódio, manifestava-se por aquilo que ele é: Amor" (ibid., p. 43).

Nascia ali a espiritualidade da unidade. Esse é o objetivo do movimento: unidade entre as pessoas, grupos, cidades, povos, religiões. Unidade gerada no amor. "É uma verdadeira invasão do amor" (LUBICH, 1999).

E como viver esse amor? As respostas eram encontradas ali, no meio dos bombardeios, nos abrigos antiaéreos:

Entretanto os bombardeios continuavam noite e dia, nos obrigando a correr para o abrigo antiaéreo até onze vezes por dia. Saímos de casa apressadamente, mas eu levava sempre comigo um Evangelho pequenino... Abríamos o Evangelho e acontecia uma coisa surpreendente: aquelas palavras, que tínhamos ouvido tantas vezes, iluminavam-se, como se uma luz se acendesse por debaixo delas. Nós a entendíamos, e uma força (era ao mesmo tempo força e luz, que acreditávamos vir do Espírito Santo) nos impelia a colocá-las em prática, imediatamente. Líamos: "Ama o teu próximo como a ti mesmo" (Mateus 19,19). Não conseguíamos simplesmente continuar a ler. "Vejamos: quem é o próximo?... Ah, está ali naquela velhinha que se arrasta com dificuldades até o abrigo. Temos de ajudá-la, ampará-la... Quem é o próximo?... Era um doente que não podia correr para o abrigo, porque estava paralisado em casa. Ficávamos com ele e o tratávamos... Um dia lemos: "Sempre que fizeste isto a um dos meus irmãos mais pequenos, é a mim que o fizeste" (Mateus 25,40). As pessoas à nossa volta, por causa da guerra, tinham fome, sede, estavam feridas, não tinham roupa nem casa... Então, preparávamos panelões de sopa, que dávamos aos pobres ou os convidávamos a vir à nossa casa. O Evangelho garantia: "Pedi e recebeis" (Mateus 7,7; Lucas 11,9). [...] Tínhamos de viver aquilo. Então, pedíamos a Deus aquilo de que os pobres precisavam e sempre, mesmo em plena guerra, recebíamos muitas coisas: pão, leite em pó, doce, lenha, roupas... que levávamos a quem precisava. Um dia, um pobre aproximou-se de mim [...] e disse: "Preciso de um par de sapatos número 42". Encontrar sapatos naquele tempo já era difícil, quanto mais precisamente o número 42! Então, ali, na Igreja de Santa Clara, que fica no início do hospital de Trento, entrei e disse assim a Jesus [...]: "Jesus, dá-me um par de sapatos número 42 para ti naquele pobre". Ao sair da Igreja [...] passava uma amiga minha [...]. Entregou-me um embrulho. Eu o abri. O que vi? Um par de sapatos de homem número 42. Estes fatos nos davam asas! Dizíamos: "Então é verdade! É verdade!". Nós dormíamos no chão, não tínhamos nada, exceto um quadro de Jesus crucificado e abandonado. Um dia, recordo que tínhamos apenas um ovo [...]. Apareceu um pobre à porta, perguntando se lhe podíamos dar qualquer coisa. Olhamo-nos nos olhos e lhe demos o ovo. Logo depois, apareceu uma senhora nos trazendo uma dúzia de ovos. [...] Era o "Dai e vos será dado" (Lucas 6,38). E dizíamos: "Então o Evangelho é verdadeiro! Então Jesus está vivo ainda hoje. Jesus está vivo!", e ficávamos tão impressionadas, tão admiradas como que acontecia, que não guardávamos estas experiências só para nós, mas contávamos tudo às nossas colegas, aos nossos colegas, em casa, em toda parte. Dizíamos: "Sabes que o Evangelho é verdadeiro?". Então as pessoas diziam: "Ah, sim?". E queriam viver como nós. Passados dois meses, já éramos quinhentas pessoas que vivíamos o Evangelho (LUBICH, 1999, p. 5-6).

Hoje, o chamado Movimento dos Focolares está em mais de 182 países, e presente em todos os continentes. Participam dele 5 milhões de pessoas. São cerca de mil obras sociais e caritativas no mundo. Mas de 13 mil crianças assistidas em 41 países. Como Chiara dizia: se uma frase pudesse resumir a vida do movimento, seria: "Nós acreditamos no amor".

Esse amor "incendiou" o mundo. A unidade foi alcançada com pessoas de outras igrejas e religiões, culturas e raças. Mesquitas, sinagogas e templos budistas convidavam Chiara para falar de Jesus Cristo.

A primeira forte experiência que Chiara teve com pessoas de outras crenças religiosas foi em 1966, quando foram convidados a ajudar um povo que vivia em plena floresta, num vale de Camarões, na África. Eram os Bangwas, uma tribo que vivia em condições muito precárias, com um índice de mortalidade infantil de 90%.

Aquele povo estava desesperado porque as preces que faziam ao deus de sua religião não estavam sendo ouvidas. Os focolarinos logo abriram um ambulatório numa cabana muito precária que, como conta Chiara, era visitada também por cobras.

> Um dia, o chefe deles, o Fon, e os milhares de membros do seu povo reuniram-se para uma festa numa grande clareira no meio da selva, para nos oferecer seus cânticos e suas danças. Pois bem, foi ali que tive a forte impressão de que Deus, qual imenso Sol, abraçava a todos, nós e eles, com seu amor. Pela primeira vez, em minha vida, intuí que teríamos de lidar também com pessoas de tradição não cristã (LUBICH, 2003, p. 402).

Os jovens do movimento, nos anos seguintes, recolheram ajuda de vários países, o que possibilitou a construção de um pequeno hospital, uma pequena represa para gerar um pouco de eletricidade e também algumas casas e uma igreja.

Passaram-se os anos, a mortalidade infantil foi reduzida a 2%, o hospital foi ampliado, construiu-se um colégio, foram abertas 12 estradas e levantadas cerca de 60 casas. Depois de 30 anos, Chiara voltou ao local: "Vi o que pode fazer o amor..." (ibid., p. 303).

Aquilo era só o começo. Chiara falou de Jesus em Tóquio para 10 mil budistas, na Grande Aula Sacra que promovem. Na Tailândia, na cidade de Chiang Mai, narrou sua experiência a 300 estudantes budistas. Falou também na Mesquita Malcom Shabazz nos EUA, diante de 3 mil mulçumanos afro-americanos. Em Buenos Aires, esteve com os judeus. Enfim, agora são 30 mil os membros de outras religiões que participam do Movimento dos Focolares.

Essa "inundação" de amor contagiou pessoas de todas as idades, vocações, raças, línguas. Espalhou-se por vários segmentos da sociedade: educação, economia, artes, psicologia, política, saúde, comunicação, meio ambiente, cultura, direito etc.

O projeto "Economia de Comunhão" (EdC), por exemplo, surgiu em 1991 numa visita de Chiara ao Brasil.

Chiara [...] ficou impressionada com a extrema miséria e com as muitas favelas que, como "coroa de espinhos", circundavam (e ainda circundam) a cidade; uma impressão profunda causada principalmente pelo enorme contraste entre aqueles barracos (onde viviam e vivem diversas pessoas de sua comunidade) e os muitos arranha-céus luxuosos (BRUNI, 2005, p. 26).

A EdC é uma nova prática na qual empresários que participam do Movimento abraçam um convite feito por Chiara para expandir a vivência da comunhão às suas empresas, colocando seus lucros em comum, incorporando um humanismo à vida organizacional. Tive o prazer de conhecer o Polo Espártaco, em Vargem Grande Paulista, e de Loppiano, na Itália, ambos deste projeto.

Em 2012, a EdC foi apresentada na 50ª Sessão da Comissão da ONU sobre Desenvolvimento Social, em Nova Iorque, oferecendo novas perspectivas de abordagem do desenvolvimento, da pobreza, da acumulação de bens e das relações humanas.

Utopia?

Além de todos esses segmentos que se espalham pelo mundo (e outros que não conseguiria detalhar em um só capítulo), existem as "cidades-testemunho".

Isso realmente parece utopia... Lembro que, quando eu era ainda muito criança, li um livro da biblioteca da escola que falava de uma cidade onde todas as pessoas se amavam, se respeitavam, cuidavam umas das outras... Enfim, era só uma história para crianças, mas sonhadora como eu era, pensei que isso poderia ser possível. E é! Existem 33 "cidadezinhas" como aquela no mundo! E não fazem parte de histórias infantis. Nessas cidades-testemunho há casas, locais de trabalho, escolas.

Tive o prazer de conhecer uma delas, sediada em Loppiano (Incisa Valdarno, Florença, Itália). Tem 800 habitantes, de 70 nacionalidades. Chegamos de carro por volta das 18h30; já era noite, dezembro. Vi casas espalhadas num lugar com muito verde. Fomos acolhidos por um senhor que já nos esperava. Tinha um sorriso luminoso. Levou-nos para uma casa que nos cederam, cuja família estava viajando, visitando familiares.

Tudo muito simples e muito acolhedor. Tinha quatro caminhas de crianças numa espécie de "andar superior" feito de madeira. Deixamos nossas malas e fomos subindo uma pequena colina a convite daquele senhor. E assim, víamos as outras pessoas saindo de suas casas sem muros e subindo a mesma colina. No alto, uma belíssima igreja. Todos os dias, as 800 pessoas se encontram ali às 19h para a missa. Muitos sacerdotes estavam presentes, as músicas eram muito lindas, paz, céu...

Após a missa, nossos "vizinhos", um casal que morava na casa ao lado, nos acolheram para fazermos um lanche. Eram da Suíça e estavam fazendo uma experiência de 1 ano vivendo aquela realidade. Tinham uma filhinha de colo; contaram-nos que, durante o dia, se revezavam: pela manhã, o marido trabalhava nas empresas que faziam parte da cidadezinha, enquanto a esposa ficava com a criança. À tarde, era ele quem ficava com a filha, enquanto a esposa trabalhava.

Na manhã seguinte, participamos de um grupo de famílias que partilhavam suas experiências. À tarde, conhecemos as empresas. Tudo, e em todos os lugares, o clima, a atmosfera que pairava no ar, transmitia a mesma paz que eu sentia na igreja, e que era possível sentir também nas empresas. Tudo era amor. Eles se olhavam nos olhos, sorriam, viviam.

Certa vez, encontrei aqui no Brasil o Padre Giovanni Batistta Erittu (o Padre Joãozinho, dos oblatos de São José), que passou por Loppiano e me disse: "Lá é uma competição do amor... uma pessoa ama mais que a outra".

Se eu não tivesse visto isso com meus próprios olhos, pensaria que se tratava apenas de uma história de criança. É verdade! É possível! Essas 33 cidades-testemunho possibilitam que pessoas vivam essa realidade. Muitos jovens, casais, religiosos fazem a experiência de um ano nelas. Tudo para espalhar no mundo essa nova forma de vida. Nossa casa pode ser esse lugar de paz com a atmosfera do amor. Não há segredos. É só amar. E "Sabes o que se faz quando se amou ao extremo? Ama-se mais ainda", como disse Chiara (LUBICH, 2003, p. 129). Na "orelha" do livro *Ideal e luz* (ibid.), há depoimentos como os seguintes sobre Chiara Lubich:

"Chiara Lubich é um dos mais expressivos líderes religiosos e sociais deste século" (Jacques Marcovitch, professor da USP).

"Chiara Lubich é e sempre será um importante exemplo para a construção de um futuro de paz para o mundo" (Romano Propi – político italiano).

"Chiara Lubich é a líder de um movimento que considero o primeiro passo autêntico rumo à unidade dos fiéis de diferentes religiões" (Allal Bachar – líder mulçumano).

"Na história houve muito exemplo de radicalismo no amor. São Francisco de Assis, Santo Inácio de Loyola, Charles de Foucauld. Existe também o radicalismo de Chiara Lubich" (João Paulo II).

"Escutando Chiara Lubich tenho a impressão de escutar o meu mestre, o Mahatma Gandhi" (N. Markadan – indiano, discípulo de Gandhi).

Quando vemos a grandiosidade das obras realizadas neste mundo por pessoas iluminadas como Chiara, temos a tentação de nos colocarmos como plateia. Se soubéssemos que também somos capazes de ser atores neste mundo, sairíamos do nosso comodismo, da nossa sala de estar.

Talvez você pense: mas sou pequeno demais, tímido, não sei falar... Chiara, por exemplo, não pôde concluir a faculdade; primeiro, pela guerra, e, depois do seu final, pelo movimento ter tomado uma proporção que a impediu de retornar aos estudos. Isso a entristeceu, pois era seu grande sonho. Mas, em seu íntimo, Deus lhe disse: "não se preocupe, eu serei seu professor"; e, ao longo da vida, ela recebeu nada menos que 16 títulos de Doutora *Honoris Causa*: Economia, Política, Educação, Psicologia...

Na verdade, não temos a dimensão da nossa luz e do quanto nossa essência é repleta de dons, sabedoria e amor.

Numa de suas palestras, Dom Cipriano disse: "Nosso medo maior é que sejamos poderosos além da medida. É nossa luz, não nossa escuridão, que nos amedronta".

A força da não violência

Gandhi, por exemplo, foi extremamente tímido na infância e na juventude. Tinha muito medo de cobras, fantasmas, ladrões e da escuridão. Quando começou a exercer Direito em Mumbai, em 1893, ainda era tão tímido, que seu primeiro caso no tribunal foi um fracasso:

> Levantei-me, mas meu coração tinha descido até as botas [...]. Não conseguia saber que perguntas fazer. O

juiz devia estar rindo, mas eu já não enxergava nada. Sentei-me e disse à cliente que eu não conseguiria conduzir o caso [...] (PASCAL, 2011, p. 15).

Muitos de nós temos características e fraquezas como as de Gandhi. Mas sua humanidade não foi empecilho para sua essência fazer o que precisava ser feito no mundo.

Ele enfrentou sem violência o maior e mais poderoso império e obteve a liberdade da Índia. [...] induziu [no interior da Índia] mudanças políticas, econômicas e sociais [...] inspirou lutas populares não violentas que [...] puseram fim à opressão racial nos EUA e na África do Sul, e encerraram ditaduras na Polônia, Romênia, Hungria, Tchecoslováquia, República Democrática Alemã, Letônia, Lituânia, Filipinas, União Soviética, Chile, Sérvia, Geórgia, Ucrânia e Uzbequistão (ibid., p. 3).

Sim. Um homem tímido e franzino fez tudo isso. O profundo compromisso para com a não violência, Gandhi veio a ter na casa dos trinta anos, depois de ler o Sermão da Montanha, de Cristo, e *O Reino de Deus está em vós*, de Tolstói.

Eu perguntaria agora: quais os sonhos que Deus sonhou para você, para o resto da sua vida? Talvez sejam muito maiores do que a vida medíocre que temos vivido sentados diante de uma TV.

Em seu livro *A extraordinária liderança de Gandhi*, Alan Pascal (2011, p. 5-6) traz os seguintes depoimentos:

Will Durant: "ele não proferia o nome de Cristo, mas agia como se tivesse aceitado cada palavra do Sermão da Montanha. Desde São Francisco de Assis, nenhuma vida conhecida da história foi tão marcada pela gentileza, pelo desinteresse, pela simplicidade e pelo perdão aos inimigos".

Albert Einstein: [...] "às gerações vindouras talvez custe a crer que um homem como este tenha pisado na terra em carne e osso".

Louis Fischer: [...] "não pregou sobre Deus ou religião, ele era um sermão vivo".

Nós podemos, sim, realizar transformações neste mundo se seguirmos a lei em que Gandhi acreditava: "[...] a dignidade do homem requer obediência a uma lei mais elevada – a do espírito. [...] É a lei do amor que governa a humanidade. [...] O ódio só pode ser suplantado pelo amor" (id., p. 13).

Muito bem! Chiara e Gandhi deixaram grandes marcas neste mundo. Quais as marcas que você está deixando? O que você é e o que faz de sua vida podem exercer influência nas pessoas que o rodeiam. O que seus filhos terão para contar sobre o que você fez pela humanidade?

Não só com lágrimas se pode transformar o mundo

O conceituado roteirista, produtor e diretor de cinema, Richard Curtis,[1] tem uma história de vida muito interessante; ele cresceu e viveu parte de sua vida nas Filipinas, onde o contraste entre pobreza e riqueza era extremamente grande. Em 1968, próximo da época do Natal, houve uma terrível crise, gerando grande fome na população de Biafra. Então, a mãe de Richard cancelou as festividades natalinas e doou o dinheiro que seria investido nelas. E, na ceia de Natal, em vez das típicas decorações e da mesa farta de comidas tradicionais, além de muitos presentes, aquela mãe serviu feijão, ovos e torrada. Você pode pensar no que isso poderia fazer diferença para a humanidade. Porém, fez diferença para a então criança Richard.

Richard Curtis aprendeu que é preciso fazer a diferença na vida das pessoas. Aprendeu a importar-se com os demais. Hoje, ele entende que o que faz de sua vida não é apenas para realização própria, e sim para as pessoas que o rodeiam e que acompanham seu trabalho. Esse homem de sucesso tem como objetivo dar uma melhor qualidade de vida às pessoas. Ele é criador de grandes filmes de comédia, é roteirista, por exemplo, do grande sucesso Mr. Bean.

Richard acredita que, para um pai de família que trabalhou duro o dia todo, sentar-se em frente à televi-

---

[1] Exemplo também adaptado de "The Global Leadership Summit – 2008".

são, rodeado pelos filhos e esposa, e assistir ao humor inocente criado pelo personagem inglês bobalhão, pode trazer àquela família uma qualidade de vida digna.

Criar filmes de humor pode não fazer a diferença no seu conceito de mudar a humanidade, mas Richard não nos deixa apenas essa lição. Ele não parou por aí. Quando estava com vinte e cinco anos de idade, fez uma viagem até a Etiópia e nos conta que somente uma pessoa muito seca, rude e egoísta voltaria indiferente daquele país. Ele voltou de lá com uma única coisa na cabeça: "Eu me empenharei ferrenhamente para fazer o que sei fazer, para consertar essa injustiça generalizada". E ele realmente tem cumprido com seu propósito.

Ele criou um movimento de ação global contra a pobreza. Mobilizou países inteiros com inúmeros eventos para arrecadar dinheiro para a causa da fome e das injustiças sociais. Convenceu o primeiro ministro da Inglaterra na época, Gordon Brown, que não simpatizava muito com Richard, a apoiar seu movimento. Criou um especial para televisão chamado "Comic Relief" (Alívio cômico), algo parecido com o "Criança Esperança" da Rede Globo. Criou também o "Red Nose Day", ou seja, o "Dia do Nariz Vermelho", uma ideia simples, mas que teve muito sucesso. Nesse dia, ele coloca o nariz vermelho à venda por uma libra em diversos locais como *fast--foods* e grandes companhias, e muitas pessoas compram e utilizam o nariz vermelho.

Com isso, ele conquistou resultados inacreditáveis. Em apenas uma campanha, foram realizadas 157 horas de programa televisivo, 100 horas de rádio, 45 milhões de narizes foram vendidos, 1.408 projetos atendidos na África, 3.184 projetos no Reino Unido, 450 milhões de libras doadas... Enfim, ele conseguiu "agitar" o mundo; provou que as pessoas se interessam por isso, que elas ainda têm alma e obteve o apoio de que precisava. "Quando se luta pelos pobres, está se lutando pelo direito de rir, de cantar, direito de viver uma vida normal." Uma criança pobre tem o mesmo direito de sorrir que os nossos filhos que estão em casa.

Naquela época, o filho de Richard estava com cinco anos. Disse que queria cuidar das crianças pobres como o pai quando crescesse, mas estava preocupado porque não haveria mais crianças pobres depois do dia do nariz vermelho.

Conseguem entender que tudo começou com a mãe de Richard, quando, com aquela atitude simples de cancelar o Natal, impactou, marcou a vida do filho? Ela era apenas uma mãe que acompanhava as notícias do mundo, mas que, depois de desligar a TV, tomou atitudes. Entendem o que é deixar de ser apenas expectador da vida?

Richard Curtis, num evento para lideranças internacionais, falou algo que mexeu comigo: "A caridade nasce de um lugar muito espiritual, o religioso dentro de nós... No final de uma leitura da Bíblia, você tem que pensar: minha obrigação não acabou por ter feito isso; na verdade, acaba de começar. Se vou orar por alguém à noite, preciso fazer algo para ajudá-lo no dia seguinte".

Sabem por que isso me impactou? No final da entrevista, quem a estava conduzindo perguntou qual era a religião que Richard seguia. Ele disse não ter nenhuma denominação religiosa, e terminou dizendo: "O que precisamos realmente saber é amar o próximo".

Tá, e eu?

Tudo bem, Adriana, linda história, mas como é que isso vai fazer com que eu mude o mundo? O que quero mostrar a você é que não precisamos ser superfamosos para conseguir influenciar a vida daqueles que nos rodeiam.

Outro dia, conheci a história de um senhor que passava por uma crise interior terrível, estava pensando seriamente em tirar a própria vida. Era um pai de família muito responsável e, apesar de não ter mais ânimo para continuar vivendo, importava-se com sua família. Mas estava numa situação tão depressiva e complicada, que resolveu, mesmo assim, partir para o suicídio; planejou tudo para aquela noite. Porém, teve o cuidado de organizar tudo no banco para que sua família não ficasse desamparada financeiramente. A caminho do banco, uma senhora malvestida lhe deu uma leve batida no ombro e disse: "Levanta a cabeça, fio, que a vida é bonita!". Aquela frase fez com que ele desistisse da ideia.

Por causa daquela mulher, ele não se suicidou! Nós podemos ser como aquela mulher! Ela fez a diferença no mundo, salvou uma vida. Não imaginamos que uma atitude de amor toque a alma da pessoa, mas isso pode acontecer. Pode curar dor, sofrimento, pode dar sentido à vida!

Você não precisa criar grandes movimentos para mudar o mundo. Pode mudar a vida das pessoas por meio de pequenas atitudes. Muitas vezes, as pessoas precisam apenas de um olhar, um sorriso, uma palavra, precisam de atenção.

Quando falo de atenção, digo isso literalmente mesmo, no sentido de ficar sempre ligado a tudo e todos que nos rodeiam, pois viver é também partilhar o que tenho com o próximo, não somente o que me sobra, mas também o que me faz falta. E quando falo sobre isso, não me refiro apenas ao dinheiro ou a coisas materiais, falo também do nosso intelecto, do nosso tempo.

No antigo prédio onde eu atendia, havia a Zélia, a zeladora, muito querida e falante. Um dia, eu estava atrasada, para variar; precisava fazer umas ligações antes de começar a atender os pacientes do período da tarde. Meu período de almoço estava bem apertado. Correndo, saí do elevador e logo que avistei a Zélia, pensei: "Foram-se minhas ligações", porém, doei aquele tempinho para dar atenção a ela, sentei-me no sofá da sala de espera e me dispus a conversar.

Ela começou a me contar que as duas filhas tinham sonho de serem médica e psicóloga, mas que ela vinha tentando tirar isso da cabeça delas porque não teria dinheiro para pagar uma faculdade. Então, partilhei com ela minha infância: sou filha do Léo e da Joana; meu pai, gráfico a vida toda, e minha mãe, dona de casa. Vivíamos numa casinha simples, de madeira. A mãe gostava de plantar verduras no quintal e estudou só até a 3ª série, pois tinha que trabalhar na roça com os pais. Meu pai só cursou o Ensino Fundamental.

Desde pequena, sempre tive sonhos muitos grandes: me formar, viajar. E meus pais nunca podaram nenhum dos meus sonhos, por mais malucos que fossem. Então, estimulei Zélia a incentivar as filhas a realizar seus sonhos.

No outro dia, Zélia me surpreendeu logo na garagem após estacionar meu carro. Ela chegou com um sorriso enorme no rosto, contando que, no dia anterior, havia levado a filha para fazer a matrícula para o Ensino Médio e que ela aproveitou para também matricular-se no supletivo, pois estava voltando a estudar para crescer profissionalmente. Conversando comigo na tarde anterior, lembrou-se de que ela não queria ter se tornado faxineira e que gostaria de um dia ser secretária ou quem sabe até mais.

Fiquei muito feliz por isso, pois, pelo meu tempo cedido, aquela mulher resgatou um sonho que havia sido enterrado há muito tempo. Para completar, a Zélia ficou firme nos estudos e, não demorou muito, a cafeteria, que existia no térreo do prédio, a contratou para cuidar do caixa, e lá estava ela, feliz por conseguir dar continuidade a sua vida e ser mais do que algum dia pensou que poderia.

Essa é a atenção que devemos ter. Precisamos aprender a parar por 10 minutos que seja e olhar para nosso próximo. Alguns anos depois, recebi seu convite de formatura como técnica em enfermagem. Fui com muito orgulho.

Dez minutos do meu almoço mudaram a vida da Zélia. Isso porque sou psicóloga? Não! Porque decidi amá-la naquele momento presente.

Se eu precisasse resumir este capítulo (na verdade, este livro), diria apenas uma palavra: AMOR! E ainda citaria Chiara mais uma vez:

> No amor, o que vale é amar [...]. Se tentares viver de amor, verás que nesta terra convém que faças a tua parte. A outra, nunca sabes se virá, nem é necessário que venha. Às vezes, ficarás decepcionado, porém, jamais perderás a coragem, se te convenceres de que, no amor, o que vale é amar (LUBICH, 2003, p. 124).

*As pessoas boas merecem nosso amor;
as pessoas ruins precisam dele...*

Santa Teresa de Calcutá

CAPÍTULO 7

Vamos pensar um pouco em você, agora?

Gostaria que você analisasse sua vida. Procure, a partir de agora, ler este livro em um lugar tranquilo, silencioso. Um lugar onde possa entrar no clima aqui proposto, onde possa meditar sobre o conteúdo e parar para pensar sobre si mesmo. Como regra, não temos tempo de cuidar de nós, do nosso corpo, do nosso eu; mas, hoje, eu convido você a dar um tempinho para si mesmo.

Cuide para que ninguém lhe interrompa, para que seja um momento único para você e para que possa aproveitar ao máximo a experiência. Procure sentar-se confortavelmente; apoie o cotovelo numa mesa e coloque uma mão na testa (como se fosse checar uma febre); permaneça com a mão desta forma até o final deste momento. Isso vai ajudá-lo a se sentir mais tranquilo, além de não precisar preocupar-se com o peso de sua cabeça. Esqueça pais, filhos, cônjuge, parentes, vizinhos... pense somente em você. Quanto melhor estiver se sentindo, melhor se apresentará para seus entes queridos.

Lembre-se agora de um lugar na natureza. O lugar mais lindo que já conheceu; você sente seus pés tocarem o solo ou a grama; ela vai massageando seus pés. Ande contra o vento, respirando bem profundamente, abrindo os pulmões para deixar entrar o ar. Vá soltando o corpo, aliviando as tensões, deixando-o leve, calmo, sempre respirando profundamente.

Esqueça por um momento que já é um adulto; liberte sua fantasia e imagine que é capaz de voar. Voe para o alto. Sinta-se livre de todos os problemas, livre das aflições e dores, aproximando-se cada vez mais do céu. Ouve-se somente o silêncio e o vento. Lá de cima, veja a areia de uma praia. De lá, você visualiza por onde andava, toda a sua caminhada. Atrás de você estão seus passos, representando seu passado; à sua frente não há passo algum, a areia ainda está virgem.

Agora, irá concentrar-se nos passos do passado, e verá que há passos muito bem marcados por momentos bem vividos: momentos de alegrias, conquistas, amores, paixão, carinho, momentos em que brincava com seus filhos, momentos bons de sua infância com seus pais, amigos... Porém, há também passos arrastados, meio cansados, outros ainda que vão para um lado e para o outro, sem saber que rumo tomar na vida; outros passos parecem ficar "patinando" no mesmo lugar, afundando na areia – passos repetitivos, sempre a mesma rotina, estafados... nada muda. Há, ainda, marcas diferentes. Não são passos, são marcas de joelhos, marcas que mostram quedas, joelhos no chão, porque sofreu, chorou, se decepcionou, errou, não amou. Você também vê trechos em branco, sem marcas; momentos em que não viveu, porque estava ocupado demais pensando em alguma preocupação, negando atenção a seus filhos, negando uma conversa com o seu cônjuge ou namorado(a), rejeitando os carinhos dos seus pais. Momentos em que estava andando pela rua e que praticamente não percebia nada. Perdeu a oportunidade de sentir o vento, apreciar a natureza, dar um sorriso para alguém.

Então, vê um enorme buraco. Ele representa seus problemas, aquilo que está pesando na caminhada, que está impedindo você de prosseguir o seu caminho. É nesse buraco que estão suas dores, suas mágoas, seus ressentimentos, todos os sentimentos sujos que esconde, naquele lugar escuro e pouco frequentado de seu interior.

Há duas formas de você ver o seu buraco, o seu problema: a primeira é como um avestruz, "enfiando" a cabeça no buraco, onde há escuridão para todo lado, sem saída. Outra é do ponto de vista do voo da gaivota, de onde se vê o tamanho real dele.

Infelizmente, existem pessoas que passarão o resto de suas vidas no buraco porque, por pior que possa parecer, é o lugar mais cômodo para ficar, pois basta permanecerem lá, quietas; morrerão iguais. Já outras pessoas ficarão sentadas à beira do buraco, lamentando-se como naquele velho desenho animado: "Oh vida, oh azar... Por que isso me aconteceu?". Outras, não. Elas aprendem o que precisam aprender, mudam o que precisam mudar, jogam fora coisas desnecessárias, se fortalecem e dão um salto para o futuro, com passos inteiros, plenos, bem vividos, a ponto de até ajudar outros a saírem de seus buracos.

É preciso, agora, uma decisão. A decisão de mudança. A decisão de arrancar a dor do seu interior. Não é mais necessário prender-se àquele passado, é possível fazer tudo novo. Você quer? Quando?

Esse "quando" poderá ser agora, poderá ser daqui a alguns meses ou daqui a alguns anos. Você decide.

Talvez haja sentimentos em relação a uma pessoa do passado (ex-namorado, ex-namorada); você pode liberar essa pessoa, para que ela possa ser feliz, casar-se, ter filhos? Você consegue desejar isso para essa pessoa? Enquanto pensa nas pessoas que o feriram, consegue soltar os seus braços, seu peito e respirar profundamente?

Talvez haja lembranças da adolescência, as comparações, as humilhações, as piadas de mau gosto; uma fase em que somos "desengonçados" e, às vezes, isso nos marca para o resto da vida. Somos chamados de criança, assumimos a negatividade de não conseguirmos fazer nada, de não conseguirmos assumir responsabilidades, de querermos estar constantemente dormindo. Podemos ser taxados de causadores de aborrecimentos. Você consegue eliminar tudo isso? É capaz de se permitir soltar tudo isso? Quando?

Percebe como podem estar tensas as suas mãos?

Solte cada dedo delas, relaxando-as. Consegue?

Relembre experiências vividas ao longo da vida, relacionadas à sua sexualidade. Relacionamentos extraconjugais, pessoas que passaram por sua vida e fizeram você se sentir usado(a), abusos. Agora, com amor e respeito, relaxe o quadril, nádegas e região genital, que define você como mulher ou como homem; que capacita você a ser esposo e esposa, mãe e pai. Você é capaz de soltar e liberar todas essas experiências negativas do seu corpo?

Quando?

Traga, agora, cenas da infância, das frases ditas pelos seus pais, frases muitas vezes negativas: "Você não vai ser nada na vida", "Você vai sofrer quando crescer", "Vai apanhar do marido, quando casar". Palavras talvez ditas pelos seus professores: "Você não vai conseguir", "Você é um burro, incapaz"; mágoas relacionadas a amigos de infância. Você pode liberá-las das suas lembranças? É capaz de livrar-se dessas frases? Quando?

Solte as pernas, sentindo seu peso em equilíbrio.

Você consegue se abrir à compreensão profunda dos seus pais? Das limitações dos seus pais? Que eles fizeram aquilo que podiam, de acordo com suas capacidades? Poderia, portanto, entender que, muitas vezes, eles não tiveram culpa? Agiram baseados em feridas da própria infância. Você compreende isso hoje? É possível se livrar dessas mágoas que estão retidas? Tem coragem de se libertar de tudo isso? Quando?

Relembre o relacionamento conjugal de seus pais: as brigas, o jeito de seu pai tratar a sua mãe ou a forma fria de sua mãe tratar seu pai, bem como toda a herança negativa que você recebeu. Não seria muito melhor eliminar tudo isso, para poder viver seu próprio casamento plenamente? É capaz de se abrir à compreensão profunda de que pode fazer diferente de seus pais? Porque você é livre!

Agora relaxe os pés, soltando todo o seu corpo.

Você é capaz de deixar que saiam os sentimentos de abandono, de rejeição, de solidão? Você poderia livrar-se de mágoa, ressentimento, angústia, desamor, raiva, medo de não ser aceito, de não ser amado, culpa, sensação de estar sem opção, resignado, paralisado. Quando você se permitirá jogar fora tudo isso? Pare um pouco e apenas silencie a mente.

Poderia abrir-se à compreensão profunda de que o passado não existe mais? Acabou, passou.

Poderia, agora, imaginar seu coração, que simboliza o amor? Esse coração poderia abrir-se para amar? Para pulsar sem medo, espalhando esse amor por todo o corpo? Quando?

Este é o momento de olhar para o futuro, para toda aquela areia que há pela frente na sua praia, onde ainda não foi dado nenhum passo. Vou lhe fazer uma pergunta sobre a qual eu gostaria que meditasse nesse dia. Veja: meditar sobre uma pergunta não é pensar racionalmente, buscando uma resposta; é lançá-la à mente deixando que a resposta surja naturalmente, ao longo dos dias.

A pergunta é: como você seria se nascesse de novo (sem traumas, sem decisões negativas)? Como seriam seu olhar, seu sorriso, seu jeito de abraçar, de amar?

E agora, se você se sente pronto, imagine-se dando o primeiro passo para o futuro com os dois pés firmes e com a decisão de seguir em frente, sem ficar olhando para trás. O passado não existe mais, só lhe restam o aqui e o agora. E se, porventura, ali na frente você tropeçar de novo, não importa.

"O que importa é recomeçar."

Quer saber se eu, Adriana, já aprendi a amar?

Quanto mais leio ou conheço sobre o amor, mais vejo que sou mera aprendiz. Somos todos crianças de Deus (*popos* ou *popas*, em italiano). A maioria de nós está na pré-escola do amor.

Quando conheço alguém que está em um "grau superior" do amor, me encanto, me deslumbro... Só uma coisa acho que decorei sobre o amor: "recomeçar" (eu recomeço todos os dias).

Considerações finais

Além dos muros

Assim começou este livro.
Aquele menininho, que viveu até os cinco
anos de idade dentro de uma penitenciária,
saiu de seus muros:
o muro da penitenciária;
o muro invisível de cinco metros quadrados;
o muro de sua pele...

Então ele pôde sentir:
sentir o vento enquanto corria;
sentir a água escorrer pelos cabelos;
sentir a pele...

A pele é profunda...
Pode tocar a alma...
Sua "criança divina" acordou!

Então ele pôde sentir o amor:
sentir o abraço;
sentir os colos das cuidadoras também em dia de sol...
Sentir amor, às vezes, implica sentir saudade,
sentir falta, sentir alergia...
Não fiz a coisa errada.
Fiz o que devia ser feito.

Porque a última notícia e imagem que tive dele
foi correndo e abraçando a fonoaudióloga.
Ele não tinha mais medo de amar...

Na primeira versão deste livro, assim que ficou pronto, fui palestrar em Monlevade (interior de Minas Gerais) e havia me programado para passar na esquina onde vivia o seu Chiquinho (em Belo Horizonte) e entregar a ele um exemplar do livro.

Infelizmente ocorreu um acidente com carro em uma rodovia (nada grave) que impossibilitou a visita, visto que naquela mesma noite eu embarcaria para Curitiba. Deixei o livro com uma amiga e pedi para que, quando ela fosse à Belo Horizonte, entregasse-o a seu Chiquinho. Alguns meses se passaram, veio um inverno rigoroso naquele ano, e quando minha amiga foi à Belo Horizonte e procurou por ele na esquina, soube que dias antes ele havia morrido de frio.

O personagem mais querido deste livro nunca soube que seu nome e sua história repercutiram no Brasil e nos Estados Unidos. Permaneceu anônimo, simples...

ADRIANA POTEXKI

Sugestões de links

Sempre Família:
<www.semprefamilia.com.br>

Movimento dos Focolares Internacional:
<www.focolare.org>.

Movimento dos Focolares no Brasil:
<www.focolare.org.br>.

Economia de Comunhão:
<http://www.edc-online.org>.

Chiara Luce Badano:
<http://www.chiaralucebadano.it>.

CEJA – Comissão Estadual Judiciária de Adoção:
<http://www.tjpr.jus.br/infancia-e-juventude>.

AFN – Ação para Famílias Novas:
<www.famiglienuove.org>.

No site clicar no link AFN – Onlus.

Links sobre EMDR

<www.emdr.org.br>
<http://www.emdr.com/>
<http://www.emdrbrasil.com.br/>
<http://www.pracadoencontro.com.br/>
<http://www.emdria.org/>
<http://plazacounselingservices.com/>

Referências bibliográficas

BADANO, Chiara Luce. *Um desígnio maravilhoso*. Vargem Grande Paulista: Centro Vita, 2010. DVD.

BRUNI, Luigino. *Comunhão e as novas palavras em economia*. Vargem Grande Paulista: Cidade Nova, 2005.

FRANKL, Viktor E. *A presença ignorada de Deus*. 9. ed. São Leopoldo/Petrópolis: Sinodal e Vozes, 2006.

GRAND, David. *Cura emocional em velocidade máxima*: o poder do EMDR. Brasília: Nova Temática, 2007.

GRÜN, Anselm. *O ser fragmentado*: da cisão à integração. 5. ed. Aparecida: Ideias e Letras, 2004.

HUNTER, James C. *O monge e o executivo*: uma breve história sobre a essência da liderança. 18. ed. Rio de Janeiro: Sextante, 2004.

IÓNATA, Pasquale. A partir da vida. *Revista Cidade Nova*, Vargem Grande Paulista, set. 2006.

LUBICH, Chiara. *A obra de Maria*. Palestra proferida durante encontro de Chiara Lubich com bispos que participaram do Sínodo para a Europa em Castelgandolfo (Itália), em 9 de outubro de 1999. 14 páginas. Arquivo de texto eletrônico. 2012.

_____. *Ideal e luz*: pensamento, espiritualidade, mundo unido. São Paulo/Vargem Grande Paulista: Brasiliense e Cidade Nova, 2003.

MOHANA, João. *A vida sexual dos solteiros e casados*. 3. ed. São Paulo: Loyola, 2002.

MORAES, Renate J. de. *O inconsciente sem fronteiras*. 5. ed. rev. ampl. Aparecida: Santuário, 2002.

PADRE LÉO (Léo Tarcísio Gonçalves Pereira). *Sede fecundos*. 6. ed. Cachoeira Paulista: Canção Nova, 2006.

PASCAL, Alan N. *A extraordinária liderança de Gandhi*. Vargem Grande Paulista, 2011.

SCOTTO, Raimondo. *O amor tem mil faces*: sexualidade e vida conjugal. São Paulo: Cidade Nova, 2005.

SERVAN-SCHREIBER, David. *Curar o stress, a ansiedade e a depressão sem medicamento nem psicanálise*. 3. ed. São Paulo: Sá, 2004.

SHAPIRO, Francine. *Atualizações em EMDR – Partes I e II*. Brasília: EMDR Brasil, 2006. DVD.

_____. *EMDR: dessensibilização e reprocessamento através de movimentos oculares – Princípios básicos, protocolos e procedimentos*. Rio de Janeiro: Nova Temática, 2001.

VAN THUAN, Xavier N., Cardeal. *Testemunha da esperança*. Vargem Grande Paulist: Centro Vita, 2006. DVD.

Rua Dona Inácia Uchoa, 62
04110-020 – São Paulo – SP (Brasil)
Tel.: (11) 2125-3500
http://www.paulinas.com.br
editora@paulinas.com.br
Telemarketing e SAC: 0800-7010081